心理療法論

伊藤良子

学術選書 053

心の宇宙 7

京都大学学術出版会

KYOTO UNIVERSITY PRESS

まえがき

ポストゲノムの時代と言われる二一世紀は、どのような時代になるであろうか。筆者は、「科学」についての考え方が大きく変わっていくのではなかろうかと考えている。これまでの科学的な研究の基盤は、客観性があること、すなわち、同じ条件のもとでは、同じ結果がでることにあった。確かに、そうした研究が、人間の生活の質を高めてきたのである。しかし、そこから洩れ落ちるものがあったことは、否めない事実であろう。個別性や主観性という観点を考慮する余地が、そこには、なかったからである。

他方、今世紀初頭を境とするゲノム研究の進歩は画期的なものとなった。遺伝子の塩基配列が次々と明らかにされたのであるが、このことは、生き物、そして、人間のあり方の多様性と個別性の根拠をこそ示すものであった。遺伝子の次元では、人間は他の動物とそれほどの違いはないのであるが、環境との相互作用によって、今日のあり方に至ったのである。遺伝子は、それほどまでに自分を取り巻く環境の作用に鋭敏なのであって、それぞれのあり方で、他者と共生しつつ、過酷な環境のなかを生き残ってきた生体の末裔が、今日の人間なのだ。

今日の人間は、このようにして自然を整備し、太古の昔のような環境の脅威に晒されることが少なくなったのであるが、余りにも、自らの力を過信するようになり、自分を超えた存在に対する畏敬の念を失いつつあるように思われる。同時に、お互いのあり方の多様性と他者の固有のあり方を尊重することを忘れてしまい、すべてのことが、人間の意識で捉え得るとの誤謬を犯してしまうようになったのではなかろうか。

しかしながら、人間の意識では捉えることができない領野がある。法則性から洩れ落ちる世界がある。さらには、偶然の事象が必ず起こる。このことを、長い年月をかけて、人間に教えているのが、遺伝子変異という事象である。遺伝子変異の多くは、偶然に生じてくる。人間は、このような偶然の出会いを避けることができないばかりか、それによって、今日の進化をも遂げたのである。すなわち、脳や遺伝子などの個人の生物学的な要因は、かつては、変化し得ないものと考えられてきたのであるが、決して、固定的なものではなく、変容可能性や可塑性を持っていたことが、今や明らかにされている。

心理療法は、実際の事例において、このような人間に内在する変容可能性を明らかにしてきた。そこでは、個の固有性こそが重視されてきたのであるが、こうした態度は、科学的でないと見なされてきた。人間に作用するものとしての薬物をはじめとする物質に対して、心をもつ他者という人的環境の力は余りにも過小評価され過ぎてきたと言えよう。人間の進化の過程を見れば、人間を取り巻く環境の重要性は明らかであるが、とりわけ、今日、他者という人的環境は、何にもまして重要性を持つ。物的環境が人間を死に至らせた太古の時代とは異なって、今や、人的環境が人間を死に至らしめることすらあるのだ。

本書は、このような心理療法に生じることについて、一九九〇年から二〇〇〇年の一〇年余の間に発表した論考を中心にしてまとめたものであるが、注目すべきは、二〇〇〇年とは人間の遺伝子の塩基配列の最初のドラフトが出されるというゲノム研究の画期的な進歩の成果が明らかになった年であり、この成果こそこれまでの心理療法の実践から得てきた知見と見事に一致するものであったという事実である。そして、この二〇〇〇年に、筆者は、心理臨床の助けを得たいとの臨床遺伝専門医の依頼を受けて、遺伝性疾患にかかわる領野についての研究を始めたのであるが、まさしく偶然にも、人間に生じる偶然の出会いの重要性について、遺伝子の次元からも研究を深める契機が与えられることになったのである。（これについては、筆者の二〇〇〇年以降の著書等を参照されたい。）

本書の第1部では、心理療法に生じるさまざまな事象とその本質にかかわる重要な要素である記録と料金について、筆者独自の観点から取り上げた論を掲載した。第2部では、心理療法に現れ出てきた事象を基盤にして人間の生成過程を理解するという臨床人間形成学の立場から、神経症・境界例・

精神病等を病むという人間存在のあり方の本質に少しでも接近したいとの願いを込めた諸論文が掲載されている。また、本書において、重要な鍵概念となっている心理治療関係に生じる「転移」という現象に関しては、先の著書『心理治療と転移――発話者としての〈私〉の生成の場――』(誠信書房、二〇〇一)に、事例を提示しつつ、筆者の観点を詳述しているので、参照いただければ幸いである。

なお、本書では、今日の状況に合わせるとともに、一冊の書としての統一を得るために、省略や用語の変更・加筆をした箇所もあるが、それ以外はできるだけ原文そのままを掲載し、各章の最初に初出年と論文題を明示した。当時から今日にいたる心理臨床の課題を感じとりつつ読んでいただけるようにとの願いによるものである。

心理療法論◉目　次

心理療法論

第1部

心理療法の過程について

心理療法の過程はどのように進んでいくのであろうか。まず、第1章では、クライエント（来談者）とセラピストの関係の推移の全体像を描き出すとともに、この過程の重要な節目に注目しつつ、そこに生じるさまざまな事象について説明する。次いで第2章では、心理療法を始めるに当たってなされる最初の面接、すなわち、初回面接を取り上げる。この初回面接は、心理療法を行うか否かの判断がクライエントとセラピストの両者によってなされる面接であって、二人の出会いの始まりの場として大切な意義をもつ。第3章では、心理療法の最後に迎える終結について論じた。終結に包含されている別れという事象は心理療法の究極のテーマであるといえよう。さらに、第4では、面接における記録、また、第五章では、面接の料金に焦点をあてたが、これらは、一般に考えられている見方をはるかに越えて、心理療法のあり方の本質にかかわる重要な要素であることが明らかになってくるであろう。

1章〜5章へと読み進めることによって、螺旋階段を登るように、心理療法過程についてさまざまな角度からの見方が生じ、理解が深められていくのではなかろうかと思う。

第1章 心理療法過程に生じること

・初出「心理療法過程と治療的変化の諸相」（一九九二・二〇〇四改訂版）

1 はじめに

心理療法過程はクライエントとセラピストの意識・無意識が相互に関与して生じる二人に固有の過程である。したがって、そこに生起する事象は、すべての事例において、まったく異なったものとなる。この二人の出会いの固有性が心理療法を推し進めていく力となっているといえるのであり、一つの決められた手順があって、それに従って過程が進められていくのではない。

しかしながら、臨床経験を基盤とした事例研究の積み重ねによって、われわれはその過程に働いているある種の法則性を見いだすことはできる。このような法則性の解明は、心理療法を行ううえでの見通しを与えるものとなると同時に、心理療法論の深化へとつながる重要な意義をもつ。

この法則性の存在を「転移」という現象を通じて初めて明らかにしたのはフロイト（S. Freud）である。彼はクライエントがセラピストに向けてくる態度を「両親に対する人間関係の再現(1)」としてとらえ、これを解釈することによってクライエントの無意識を解明し、その過去を再構成するという技法を創出した。このようなフロイトの立場においては、セラピストに対する転移を生じるクライエントと、それを解釈して返すセラピストという、セラピストとクライエントの非対称な関係が心理療法を行ううえでの基盤となっていたとみなすことができよう。

これに対してユング（C. G. Jung）は、心理療法過程をクライエントの個性化過程ととらえると同時に、そこにクライエントのみならず、セラピストの変容さえもが生じると考えたのである。このようなユングの態度は、「影響を受けずして影響を与えることはできない(2)」との彼の言葉が示しているように、両者の相互性を基盤としたものといえる。

上記の如く、フロイトにあっては心理治療関係の非対称性が強調されていたのに対して、ユングは相互性を心理療法の基盤として強調したといえるのである。しかしながら、これら二つの要因は同次元において、互いに排除されるものとしてとらえられるべきではなかろう。むしろ心理療法というクライエントとセラピストの出会いの場にあっては、心理治療関係の非対称性と相互性というこの二つの要因は、縦糸と横糸のごとくに織り合わされて、その過程を進めていくとみることができる。

以下、このような視点のもとに、心理療法過程を四段階に大別して述べていく。なお、心理療法開始の適否を決定する初回面接および終結をめぐる諸問題については、それぞれの章に譲り、ここでは開始決定後の全体的流れをクライエント・セラピスト関係に焦点を当てて概観する。しかし、心理療法の適否の判断は過程の進行とともに常に再吟味されるべきであり、また、終結の時期を射程に入れた目標の設定は全過程で並行して考慮されていなければならない。

2 心理療法過程の四段階

(1) 第一段階

クライエントはなんらかの問題、あるいは症状をもち、その解決・解消を求めてセラピストを訪ねてくる。すなわちクライエントは、自分が苦しんでいるこれらの問題を取り除いてくれる存在としてのセラピストを求めて来所する。

この時、クライエントが自分の問題の中心としてもってくるものを主訴と呼ぶ。主訴は必ずしも問題の本質そのものではない。しかしそこには、クライエントの意識が把握している問題の姿、いわば問題の本質へと導く入口が示されているのであり、セラピストがまずこの主訴に耳を傾けることから心理療法は始まるといってよい。

来所にいたるまでに、クライエントはこの主訴の解決、そこから生じる苦しみの解消等のために自ら種々の方策を講じてきたであろう。しかしそれらがことごとく失敗に終わったからこそセラピストの所に来たのである。そこには、自分の力に対する無力感・敗北感が大きく横たわり、それが彼らの不安を助長している場合が少なくない。主訴をめぐって、どのような方策が今までなされ、どのような結果を得たのか、また過去に治療歴があるならば、現在、クライエントはそれをどのように受け止めているのか。これらの点はこれからの心理療法に対するクライエントの不安や先入観を知る手がかりを与えるものとして重要である。なぜなら、これらの不安や先入観がセラピストに対する、「今度こそなんとかしてほしい」との期待、あるいは、「どうせまた同じことだろう」との諦念を増大させ、面接開始とともに強い転移を生じる要因となるからである。したがって、厳密に言うならば、来所にいたるまでに心理治療関係はすでに始まっているのである。

いずれにしろ上述してきたように、クライエントは何層にも重ね合わさった不安を——症状の根底にある不安、来所に伴う不安、さらに後に述べる語ることの不安等々を——持って来所する。否、多くの不安をもっているにもかかわらず来所したのである。それゆえ、これらの不安に打ち勝って、クライエントが次回も再び来所する力を得るのは、セラピストにおいて自分の問題の解決の糸口、苦しみの軽減の兆しが感じとれる限りにおいてであるといっても過言ではない。

以上の点を明確にしておくならば、この第一段階においてクライエントは、「治す者と治される者」という位置の非対称性のゆえに心理療法の場にやってくるのであり、そして心理療法が開始されるとは、セラピスト・クライエント関係がこのような非対称な関係にあることを含意しているといわざるを得ないのである。

しかしながら、それは今後、セラピストがクライエントの問題をすべて引き受ける確約をすることを意味しているのではない。まったく逆である。セラピストは、開始時における関係が上記のような状態にあることを十分に認識し、ここからクライエントを真に心理治療に導入し、クライエントが心理療法の主要な担い手となる道を開かなければならない。これが後の過程の成否を決定するとさえいえる。

このことは、心理治療への動機づけをもたず、親や家族等に強制的に連れて来られたクライエントにおいては、なおいっそう重要である。彼らはそこに、今までとは異なる「出会い」を見いだした時にのみ再び来所するであろう。

この「出会い」とはどのようなものであろうか。セラピストの唯一の、そして最上の道具は、クライエントの言葉を聴くことである。クライエントがこのセラピストとの出会いを今までとは異なったものと感ずるのは、自分の語る言葉が真に聴かれるということにおいてである。語るから聴かれるのではない。耳を傾けられるから語るのである。多くの者はセラピストに促されると、まず自分を来所へといたらせた問題・悩み・症状、すなわち主訴から語り始めるであろう。しかし、言葉の使用がまだ十分ではない子どもや言語化不可能な次元にさらされている思春期の者たちは、主訴を語ることすら難しい。それゆえセラピストは、彼らが語るための通路を開くあらゆる工夫を行う。遊戯療法、箱庭療法、夢や絵画を媒介とした心理療法等々がそれである。また、他者に強制的に連れて来られた者たちにとっては、来所がどれほど苦痛であったか、どのようにして来所にいたったか等を語ることがまさしく「主訴」を語ることとなり、それが心理療法への導入となるであろう。

しかしながら、語ることは、以下のような両義的な感情をクライエントに生じる。

まず第一に、語ることは、自分が一人で抱えてきた苦しみをセラピストに向けて吐露することになる。この語ることから生じるカタルシスの作用は、クライエントの不安や苦しみの軽減をもたらす。時にはこの段階で、問題の解決に当たる自らの力を回復させ、面接を終わっていくクライエントもある。しかし、ここで注意を要するのは、逆に語ることによって、クライエントはセラピストに重い荷物をすべて預け、荷降しをしてしまう場合があることである。統合失調症やうつ病のクライエントにおいては、その荷物を支えるために使用されていたエネルギーが、今度は自殺をはかるために使われる可能性のあることにセラピストは十分配慮しておかねばならない。したがって、心理療法においては、初回面接の時からクライエントの病理水準の把握をおこたることは許されないのである。

次いで第二に、語ることは、同時に自分の内面を露呈することになる。それは、セラピストに異常だと思われるのではないか、自分の異常な部分が出てくるのではないか、さらにはセラピストにすべてを正確に伝えられず、セラピストの判断を誤らせるのではないか、等々の不安、また子どもの問題を主訴として来談した親においては、自分の子育ての失敗や家族的負因を指摘されるのではないか等の恐れを喚起する。それゆえすべてを語りたいという思いと、語ることの不安や恐怖との間の葛藤が、この時期のクライエントの来所を困難にさせる大きな要因ともなろう。

さらにまた、クライエントはこんなことはセラピストにいうべき内容ではないのではなかろう、という先入観をもっている場合も少なくない。例えば、身体の病気のこと、親や兄弟をはじめとする他者の批判、子どもの問題が主訴であるクライエントの自分自身の問題や夫婦関係等、クライエントは話したいが話せない、あるいは話した後で話すべきでないことを話しすぎたとの罪悪感をもち、以後語れなくなってしまうということもある。

以上、この第一段階において、セラピストは、クライエントの語りを容易にするために、できるだけクライエントへの指示や指摘を避け、まずクライエントの語ることにのみ耳を傾けるのであるが、しかしながら、それは他方、セラピストが何を考えているのかわからないという不安をクライエントに生じる。

したがって、この面接の初期段階にまず求められるのは、クライエントが自分のありのままの姿を語れる「治療的安心感」がセラピスト・クライエント関係にもたらされることである。クライエントはそれを、セラピストの共感的態度において得るであろう。このような関係の中から、クライエントとセラピストの相互性が生まれる。同時にそれは、クライエントの中に、セラピストを自分のことをすべて理解してくれる存在とみなす萌芽を生じる。

相互性における上述のような側面は、後に述べるように、心理治療関係の進展のためには、むしろ妨害となってゆくことがある。それゆえ、こうした可能性を避けるための十分な配慮がこの第一段階においては必須となる。すなわち、面接時間、場所、回数等の「心理治療の枠」が、クライエントの不安や病理水準に合わせて、慎重に決定されてゆかなければならない。これらの枠が、この第一段階で明確にされ共有されるにいたることは、クライエントに「治療的安心感」をもたらすためにも、またその後の面接過程に生じる多くの困難を乗り越える基礎を築くためにも不可欠である。

このような安心感のもとに、自らについて語り、自らを表現していく過程において、それこそが心理治療の推進力であるとの認識がクライエント自らの中に生じてくるだろう。ここにクライエントは、自分が心理療法の担い手であることに気づかされる端緒が開かれる。

(2) 第二段階

第一段階で明らかになったように、心理療法が他の多くの療法と呼ばれているものと同様に、セラピストに治してもらうことを期待して始められることは避け得ない事実である。すなわち、この非対称な関係ゆえにクライエントは主訴を語ったのである。そして、語ることによって生じた不安をはじめとして、第一段階で生じたさまざまな不安は、クライエントが見いだしたセラピストとの相互性において軽減し、この第二段階においてクライエントは、より自由に語り出す出発点に立ったといえよう。また、セラピストも、クライエントの状態像や問題の所在の把握が容易になり、いわば心理治療の基盤ができたのである。

さて、この段階にいたった時、心理治療に特有の次のような現象が生じることが多い。それは「転移治癒」と呼ばれているものである。転移治癒とは、面接開始後まもなく、それほど心理治療が進んでないと思われる段階で、症状の急速な軽快が見られる現象を示している。

このような現象が生じるのは、クライエントが語り、そしてセラピストがそれに耳を傾けるという関係において、クライエントはセラピストが心底自分の苦しみを理解してくれる人と感じるからである。このようなセラピストとの関係を、例えばあるクライエントは、「セラピストは、ボールを投げたら受けて、返してくれる心の壁。どこまで投げられるようになったかがわかる」と語った。ここに生じていることを、筆者はセラピストとクライエントの「非対称性の上に成立した相互性」によるクライエントの症状の軽減ととらえておきたい。すなわち、この症状の軽減は、セラピストに、いわば「荷物」を預けたということから生じているものであって、荷物そのものは何ら荷ほどきされていないのであるから、この時点でクライエントがセラピストのもとを離れると、荷物はそのままの形でクライエントのもとに戻り、再び症状の悪化を生じることにもなる。それゆえ、ここで生じた現象をセラピストが十分に認識せず、症状の軽快に安易に喜んでしまうならば、たとえ面接は継続されていても、クライエントはこれから先への心理療法過程を進む道が閉ざされてしまう。なぜなら、セラピストに対して良い感情を持てばもつほど、クライエントはセラピストからも「良いクライエント」と思われたいと望むようになり、状態の悪化をはじめとする自分の中の「悪い」部分、あるいはセラピストに対する肯定・否定両面の感情を語れなくなってしまうからである。

また、早い段階の症状の軽快、あるいは消失については、子どもの心理療法の場合、とくに以下のような点に注意をしておく必要がある。例えば、子どもが学校で他児に乱暴をするとの主訴で来所した母とその子の心理療法について考えてみよう。母親面接を通して、子どもの他児への乱暴の根底に、父母の不和による親子関係の不安定さがあることが明らかにされたとしよう。すなわち、子どもは「乱暴」という形で、ぎりぎりのところで家の問題についてSOSを発したのである。ところが、このような場合、遊戯療法によって子どもとそのセラピストとの関係において転移治癒が生じ、かなり早い時期に子の乱暴、すなわち症状が消失することは少なくない。その時、母もセラピストもこの症状の消失を問題の解決とみなして、心理療法を終結してしまったらどうなるだろう。子どもが抱えさせられてきた問題そのものは解決されないままに、子どもはそれを訴える術をも取り上げられてしまうことになる

上記の例は、セラピストが症状の軽快に惑わされることなく、その奥にある問題に目を向けていなければならないことを示している。このことは、症状の悪化についてもまったく同様である。この点については、次の第三段階の問題になってくるので、後に詳述する。

最後に、ここに生じた転移治癒がもつ重要な意義について述べておかなければならない。症状の軽快が生じたということは、クライエントとセラピストの関係がクライエントの無意識の次元に触れたことを意味している。症状そのものは既述のごとく、確かに問題の表層に現れたものにすぎないが、症状の変動はクライエントの無意識になんらかの作用が生じたことを示している。すなわち、ここからクライエントの無意識に先導された心理療法が始まる好機である。したがって、セラピストがここでクライエントの無意識と対話する通路をクライエントとともに見いだすか否かが、この第二段階通過の重要な鍵となる。

症状の軽快とともに、「話すべきことはすべて話した」と感じるクライエントも少なくない。ここで初心のセラピストの陥りやすい誤りは、クライエントの状態が良くなったと思い、現実に適応する

ための具体的な指示を与えてしまうことである。それは、この好機を逸するだけでなく、せっかく作り上げてきた心理治療関係を台なしにすることになるであろう。セラピストは、この時こそクライエントの無意識のことばに耳を傾けなければならない。

さて、転移治癒について付記しておくならば、この症状の軽快はクライエントの意識によって確実にキャッチされたのであり、この事実が、これから後のクライエントの心理治療に対する意欲を支えることになる。このことの意義は決して小さくない。なぜなら、これから先の過程はクライエントにとって決して容易な道程ではないからである。

(3) 第三段階

第二段階で、セラピストとともに無意識への通路を見いだしたクライエントは、セラピストに向けて自分の心の深奥をさらに語り続ける。それがこの第三段階である。夢や箱庭によってこの作業を行うクライエントも多い。また、日常生活から生じる不安をまだまだ語らねばならないクライエントは、症状に伴う辛さ、生きてゆく苦しさをセラピストに語り続けることによって、そこに自分の姿を見いだしてゆく。

この過程において、クライエントは自分の中にある、自らにとっても受け入れ難い観念や感情にも出会うことになる。したがって、当然この過程は平坦な道ではあり得ない。この過程をフロイトは

「幼児期に成立した根源的な抑圧過程の訂正(3)」としてとらえ、また、ユングは、「影の同化(4)」と表現したのである。

ここで道は二つに分かれる。

第一の道は以下のとおりである。今までクライエントは、現前するセラピストに向けて語り続けてきたのであるが、そのセラピストの位置がクライエントの無意識の場に対応してゆくに従い、この対話はクライエントにおける自らの無意識との対話へと移行することが可能になる道である。この道をゆくクライエントは、ここでセラピストとの実際的な関係を終え、後の過程を自らの力で、終生——といえよう——行ってゆくと考えられる。

しかしながら、第二の道として、次のような場合を考えなければならない。例えば、「小学生時代に級友のいじめにあって学校にも行けず、そのため神経症になって働けず、十数年になる」と訴え続けていたクライエントの場合である。その間クライエントは、この級友への憎しみとその級友を見返すことを支えに生き続けてきたのである。そのクライエントが、心理療法の進行に伴い、神経症は級友のいじめ以前にすでにあり、その神経質さが逆に級友のいじめをもたらしていたことに気づきだしたとするならば、空白の十年余りを、今、クライエントはどのようにとらえ、今後何を支えに生きてゆけるのだろう。「自分のような神経質で働くこともできない人間はだめだ。生きてゆく強さも、生きてゆく価値もない」と考えて自らが生きる支え、根拠を失ってしまいかねないのである。他方、このような自分を責めないために、神経症の原因を親の育て方に求めたとするならば、今度はクライエントの中に自分をこんな苦しみに陥れた親に対して、激しい怒りが生じることになる。それゆえ、神経症の原因が級友のいじめにあると頑強に思い続けてきたのは、その怒りを父母に向けないためであったことが容易に推察できよう。その怒りが父母に向いたならば、それは父母を破壊してしまうほどに強いものであったからである。そして、この父母の破壊は、今のクライエントにとっては、生の根拠、生の根源の破壊ともなることはいうまでもない。こうしてその神経症の症状はクライエントの生存を守る、文字通りの「防衛」の役割を果たしてきたことが明らかになる。

したがって、セラピストがこの症状を軽々しく取り扱って、クライエントの病因についての早過ぎる洞察をもたらしたならば、それはクライエントを自殺へと追いやるに等しいとさえいわねばならない。この「死」に対応するほどのものが、セラピストとの関係において生じていなければ、この過程はやりとげられないのである。

それゆえに、この段階においては、クライエントのセラピストとの合一希求が最も強くなる。それほどにクライエントはセラピストの完全な守りを必要とするにいたるのである。換言するならば、クライエントはみずからの内面を語り尽くして、とうとう言葉では語ることができない次元に到達したといえる。ラカン（J. Lacan）はこれを「言語の壁」とよんだが、いわば、それは人間の生の根源を問う次元である。晩年のフロイトが人間の中に見いだした「死の欲動」、あるいはユングの主張した

「元型的布置」が現れてくるのもこの次元であろう。青年期のクライエントが「私をなぜ生んだ」と両親に迫ったり、「死にたい」と訴えるのは、この次元が問題になった時である。また、もっと幼い子どもにあっては、まったくの退行状態を見せることもある。

ここで生じていることを心理治療関係に即して検討しよう。第三段階においてクライエントは、セラピストに向けてみずからの内面を語り続けてきたのであるが、「言語の壁」にぶち当たり、これ以上は自分の中にみずからが生きる根拠、つまり生の根源を見いだしえないと気づかされたクライエントは、その根拠をセラピストにおいて、すなわち、「自分のことをすべて理解してくれると想定したセラピスト」（ラカン）において見いだすことを求める。それは、セラピストにとって、自分が多くのクライエントの一人ではなく特別な一人であること、つまり文字どおりの「相互性」を求めるにいたる道である。そこでクライエントは改めて、語る者と聴く者、治される者と治す者という両者の関係の「非対称性」に気づかされる。自分はセラピストにすべてを語ってきたが、セラピストについてはまったく何も知らない。いったいセラピストにとって自分は何なのかとの問いがここに生ずる。と同時に、セラピストなくして生きられなくなっている自分のセラピストへの依存に気づき、ここまで自分を連れてきたセラピストへの怒り、反対にこんな自分をセラピストは見捨てるのではないかとの不安がクライエントを圧倒する。

この段階において、症状の悪化、退行、また自殺企図を含むさまざまな行動化が生じることがある。

それはこの段階にいたったクライエントがみずからの生の根源をセラピストにおいて見いだすために、セラピストとの完全な合一をはかろうとする必死の試みであるといえよう。そしてこの合一を許さないセラピストに、当然、激しい攻撃が向けられる。しかしそれは、まさしくみずからを守るための戦いであって、決して否定的なものとしてのみとらえられてはならない。第一段階で述べた心理療法の場という枠・制限が重要な意義をもつのはまさにこの時である。この枠がなければ、クライエントはセラピストとの文字どおりの相互性を求めて、出口のない悪循環に陥ってしまうであろう。しかし、心理療法過程の当初からこの枠の守りの意味が、クライエントとセラピストの間で十分に共有されているならば、クライエントの行動化を最小限に留め、クライエントの破壊力からクライエント自身を守ることができる。

(4) 第四段階

心理療法過程のこの最後の第四段階をクライエントはどのように経るのであろうか。すでに述べたように、すべてのクライエントがこの過程にいたるのではない。しかし、フロイトが死の欲動という概念を提出し、またユングが元型的なものの作用を考えたのは、先の第三段階を平穏に終えることのできないクライエントに出会ったからである。それは、心理療法過程に生じた強い転移をどのように終息できるかという問題でもあろう。ユングは述べている。「転移の問題で私がひどく悩んだことがなかったら、私はこうしたやっかいな象徴や、注意をひどく必要とする相似性に関する研究をあえて始めたりはしていなかったように思う[5]」と。すなわち、ユングが生涯をかけて行った元型や象徴の研究は、この転移の問題を考えるためであったとさえいえるのである。

この段階で重要なのは、文字どおりの相互性を求めているクライエントに、どのようにして象徴的次元がもたらされるかということである。彼らが求めているのは正統なものではあるが、しかしながら、それらは、まさにあまりにも純粋で完全な形において求められるがゆえに、われわれが人間として生きている限りは「そのものとしては」（フロイト[6]）、決して実現され得ないものである。したがって、彼らはこれらを熱望するみずからの思いを凝視しつつ、同時に、その思いをそのままでは実現し得ないものとして葬り去らなければならない。この困難な仕事をともにし、ここに生じる人間としての深い悲しみをともにする者があって初めてそれは可能となるであろう。この仕事をともにする者——それが心理療法家である。

この過程がまことに厳しく、険しいものであり、時に妄想的な症状さえ生じることを、ブロイアー（J. Breuer）の患者であったアンナ（仮名）は、「ブロイアーの子どもを出産する」という想像妊娠によって示した。当時のフロイトはブロイアーに対して、これこそが「転移」、すなわち、「アンナの無意識の自発性」と説明して、彼の不安をしずめた。しかし、ラカンはこの事態をさらに厳密に見すえ、「子どもを欲したのはブロイアーの欲望である」と述べるところから論を展開したのである[7]。事実、ブロイアーはアンナに想像妊娠が生じる三カ月あまり前に、妻との間に子どもを得ていた。

ここでラカンが言わんとしていることは、第一に転移はクライエントの無意識の単なる自発的な現れではない。第二に、転移はセラピスト、すなわち他者の欲望をめぐって生じるという二点である。セラピストがクライエントに対して欲望を持つことは、当然、回避されねばならない。しかしそれにもかかわらず、クライエントはセラピストの中に、その欲望を見いだす。

例えば、上述のアンナは、みずからについて語り尽くして、とうとうこれ以上言葉では語れないみずからの存在の根源を問う次元に達した時、その答えをブロイアーの中に探すより道はなかった。子どもが親に、「私を生んだのはなぜ?」と問うように。この問いが、みずからが親の欲望の対象であることの確認を求める問いであるのと同様に、みずからの存在の根源をブロイアーにおいて求めようとしたアンナは、ブロイアーの欲望の対象としてそれを見いだすことになったのである。答えは、想像妊娠(心因性出産)という形で出された。この最も大事な時点で、この事態に驚愕したブロイアーは、サナトリウムへの入院をビンスワンガー(R. Binswanger)に依頼し、彼自身はアンナの治療からまったく手を引いてしまったのである。

今日のわれわれは、このような過程をどのようにして経ることが可能であろうか。

みずからの生の根源を求める次元にいたったクライエントは、セラピストにおいてそれを見いださんとする。それは、みずからがセラピストの欲望の対象となることによって、みずからの生の根源を見いだす道である。しかしこのことは、クライエントをしてセラピストを欲望する存在、すなわち欠如する存在とみなすことへと導く。換言するならば、クライエントは、みずからの生の根拠のなさ、みずからの欠如をセラピストの完全性で補おうとした結果、セラピストの欠如に出会うのである。

この過程において、クライエントは例えば次のようにいうことがある。「心理療法が終わったら、今度は、私がセラピストの相談相手になりたい」。あるいはまた、「セラピストもいつか年老いるだろう。その時こそ私を必要とする」と。これらのクライエントの発言が、みずからの生の根拠を、セラピストの欠如を満たすことにおいて見いださんとしたものであることは否めない。しかし重要なのは、これらの言葉において、彼らは今まで完全な存在であるべきだと思っていたセラピストもまた、みずからの生存の根拠を持たない欠如した存在であることに不思議にも出会わされるということである。すなわち、「治される者と治す者」という「二人」の関係が公の「他者」の場へと開かれ始めたということである。こうして彼らは、人間の必然としてのこの欠如を受け入れるにいたるであろう。それゆえ、あるクライエントはいう。「セラピストは、私にとって神以上の神だった。でも今は、セラピストも人間として認めてあげないといけないと思うようになった」と。ここに、象徴的次元における人間相互の「他者性」のもたらされる道を見いだすことができよう。

3 おわりに

心理療法過程を四段階に分けて述べてきた。これらの段階は、決して平面的に並べられるものでも、またそれぞれの段階に匹敵する実体がクライエントの中にあるのでもなく、心理治療関係の進行とともに現れでてくる現象である。

しかしながら、個々のクライエント、およびセラピストの固有性を考えるならば、それを一つの過程に還元することは無謀な試み以外の何物でもないことは既述したとおりである。また、本論で述べた「過程」は、現在の筆者がいる地点にすぎない。みずからの臨床経験を抜きにして心理療法過程を語ることはできないからである。別のセラピストは、また別の「過程」を語るであろう。本論で引用したフロイト、ユング、ラカンはもとより、他のセラピストの語る心理療法過程もさらに参照して、本論を補っていただきたい。

本論を提示した筆者の願いは、心理療法過程に生じてくる現象をセラピストが十分に認識することによって、クライエントやその家族の無用な不安と混乱から面接の遂行が困難になる事態の生じることを防ぐとともに、心理療法を開始する際に、セラピストの慎重な態度を求めるところにある。ここに、心理療法過程の研究の欠くべからざる意義があることを再度強調しておきたい。

第2章　初回面接について

・初出「初面面接」（一九九一）

1　はじめに

初回面接はクライエントとセラピストの出会いの始まりの場であり、クライエントとセラピストが心理療法という共同作業をともに行いうるか否かを判断するための、最初のもっとも重要な面接である。

この判断は、最終的にはクライエント本人によってなされなければならない。クライエントが幼い子どもであっても、また、重度の精神障害者であっても、この原則を、可能な限り守ろうとするセラピストの態度が、その後の心理療法過程の質を決定するとさえいっても過言ではなかろう。それゆえ、初回面接は、そのセラピストと心理療法を行うか否かについて、クライエントが適切な判断を下すにいたるまでの、クライエントとセラピストによってなされる対話の総体であるといえる。この対話が十全なものとなるように、心理的・物理的両側面から面接場面を整えるのが、初回面接におけるセラピストの役割である。

2 初回面接とは

「初回面接」と近縁の用語に「受理面接」「予診」がある。これらの用語との対比において「初回面接」という概念を明確にすることから論を始める。

まず、「受理面接」における「受理」という言葉を取り上げよう。そこには明らかに、相談機関側がクライエントを受け入れるという意味合いが含まれている。言い換えるならば、それは相談機関を主体とした用語である。

端的な例を挙げておこう。われわれが福祉事務所に生活保護の申請について相談に行ったとする。そこで最初に出会うことになるのが、受理面接者である。受理面接者は、クライエントの生活状況・

経済状況を生活保護の基準と照らし合わせて、その申請を受理できるか否かを判断しなければならない。もちろんこの場合も、クライエントの自己決定の原則が第一義とされ、受理面接者が可と判断したとしても、最終的な申請の決断はクライエントにゆだねられている。しかし、上述のような社会資源を提供する機関においては、その機関の機能がクライエントのニードに合致するか否かを判断する客観的基準が比較的明確に規定されている。それゆえ、そこでは「受理」という機関主体の用語が用いられることになる。

それに対して、「初回面接」の「初回」という言葉は、クライエントとセラピスト双方にとって、「初めての」面接、初めての出会いという意味がある。すなわち、クライエントの主体性を包含した言葉である。さらに重要なことには、「初回」とは、二回目からの面接を想定した言葉であり、次回からの面接に向けての「初回」である。つまり、後に続く心理療法過程のための面接といってよかろう。先に筆者が「その後の心理療法過程の質を決定する」といったのはその意味においてである。

では、「予診」という言葉と「初回面接」とはどのように異なるのであろうか。

「予診」という用語は、主に医療機関の外来で使われることが多い。クライエントの立場からすれば、これも初めての面接であることに違いはない。しかしながら、「予診」は決して「初回面接」の機能を果たしてはいない。なぜなら、「予診」はあくまで、本来担当すべき医者のための予備面接であり、クライエントの主訴や現症歴、生活歴等の概括的な情報を、極端にいえば一方的に聞き取っている問診にすぎないからである。そこでは、主体的な対話によって、以後の心理治療の方向性を決める機能はない。この点において、「初回面接」は「予診」とも明確に区別されるべき概念である。

以上の点から、「初回面接」は、心理療法の主体と以後の方向性という視点において、「受理面接」や「予診」とは異なった独自の意義をもつものとして位置づけられるのである。

しかしながら、より厳密にいうならば、「初回面接」におけるクライエントとセラピストの出会いを、十全な意味での「主体的な出会い」と見なすことはできない。それは、クライエントの症状という無意識の作用に誘われた「出会いの始まりの場」である。そこから心理療法過程を先導するのもクライエントの無意識である。この「出会いの始まりの場」が真に主体的な「出会い」に転じた時、心理療法は終結を迎える。すなわち、クライエントとセラピストの真の主体的な「出会い」は「別れ」の場となろう。この「出会い」への歩みを始めることが「初回面接」の真の意義である。

さて、初回面接は、クライエントが主訴をもってセラピストのもとを訪れることから始まる。すなわち、その主な構成要素は、初回面接者、クライエント、二人の出会いの場、クライエントの主訴、そして心理療法の開始についての決断の五つである。次節から、その各々について詳述し、初回面接の意義をさらに考察しよう。

3　誰が初回面接を行うか

誰が初回面接を行うか――これは初回面接の本質的な意義にかかわる重要な問題を含んでいる。現状では、大別して以下の二つの方法がとられている。

(1)　経験豊かなセラピストが初回面接を行い、クライエントの病理水準・心理療法に対する適性等を判断し、セラピストの経験・能力・適性・動機づけを考慮して担当者を決める。

(2)　予約の受けつけ等、必要最小限の事務的な手続きは事務職員が行い、初回面接から担当のセラピストが面接する。

常識的に考えるならば、(1)の方法は非常に合理的で、初心のセラピストが自分の手に余るクライエントを担当するという危険性を最小限に食い止め、心理療法の失敗を未然に防ぐ最善の方法とみなされるだろう。

しかし果たして本当にそうだろうか。(1)の方法での初回面接の構造をもう少し検討してみる必要がある。この方法にあっては、クライエントが「心理療法」というものを知り、それを開始しよう決意するのは初回面接者との間においてである。そこには、必然的に、初回面接者がクライエントの実際の心理治療を担当する者を選ぶという手続きが入ってくる。事実関係はどうあろうとも、クライエントにはそのように認識されるだろう。その前提には、初回面接者は経験豊富で的確な判断を下すという暗黙の合意がある。逆にいうならば、初回面接者に対して、その信頼が生まれなければ、クライエントは心理療法の開始を決意しないだろうし、また次回からの面接にやって来ないだろう。

ここに大きな落し穴がある。初回面接者の選んだセラピストとの心理治療関係に入るという構造は、まず第一に、クライエントに、自分の心理療法に主体的にかかわっているという認識をもたらすものではない。他者にゆだねられた形で心理療法が開始されるからである。次いで第2に、この構造は、すでにそこで初回面接者に対する、クライエントの転移を生起させる場を与えることになる。しかも、経験豊かな初回面接者が的確な判断を下すほどに、なおいっそう転移は生じやすくなるだろう。

ここで見過ごしにできないのは、この転移は、その初回面接者との実際の心理治療関係を通じて取り上げることができないという点である。したがって、初回面接者はどこまでも偉大な他者として無傷のままで存在し続ける。それは、実際のセラピストとの心理治療関係の基盤をも混乱させるものとなる。

確かに、初回面接者に対する肯定的な感情を主とする陽性転移がセラピストに移行されて、面接は無難に開始される場合が多いだろう。しかし、長期の面接を必要とする難しいクライエントの場合、心理治療が重要な段階に入った時——例えば、セラピストに攻撃が向き出した時——、クライエントはその苦しい状況から逃れるために、かつて会った初回面接者に助けを求めたくなるだろう。「あの先生なら、きっともっとうまく私の心理治療をやってくれるに違いない」と。偉大な他者が具体的な人物に投影されてしまい、かつ、その投影を引き戻す道を塞がれたクライエントは不幸である。いつまでも自分の外に偉大な他者を求め続け、自分の内にそれを見出すことはできないからである。

それゆえ、最初の面接の場において、クライエントは、「心理療法は、専門家の判断に全面的に従うという、一般的に容認された態度をもち続けた形では進行しない」ということをセラピストの言葉と態度によって明確に知らされておらねばならない。そのためには、クライエント自身がそのセラピストとの心理療法を選び取るという手続きが必須のものとなる。

心理療法の場にあっては、クライエントはセラピストが常に偉大な他者であり続けることを願う。それゆえにこそセラピストは、可能な限りこの誘惑から自らを守る心理療法の構造を確立しなければならないのである。

この心理療法の本質を考える時、(1)の方法は決して望ましいあり方とはいえない。しかし、現実には、心理療法を専門とするクリニックでさえ、(1)の方法をとっている場合の方が多い。この事実こそ、初回面接の重要性とその難しさを示すものであろう。(2)の方法をとるためには、セラピストの資質の向上と初回面接を支えるインテーク・カンファレンスの充実が前提となろう。しかし、(2)の方法をとらずにセラピストの養成や資質の向上はありえないと筆者は考える。

心理療法家が社会的な機関に配属される場合、当然(1)の体制に組み込まれる。例えば、病院においては、医師が診察した後、臨床心理士に紹介されるという場合が大半であろう。また、児童相談所等では、ケース・ワーカーがまず受理面接を行う。付言するならば、クライエントは必ずしも予約してから来所するとは限らず、緊急の面接を必要とする場合も少なくない。このように、最初の面接者と実際のセラピストとが異なる場合であっても、その専門領域が明確に区別されているならば、比較的問題は少ない。しかしそれでも、最初の面接者は、筆者が先に述べた点について、十分な配慮をもつことが必要である。他方、セラピストは、自分の面接を始めるにあたって、改めて「初回面接」を行わなければならない。

以上述べてきたことをふまえるならば、初回面接は、まず、誰が初回面接を行うかをクライエントに明らかにすること――セラピストの自己紹介――から始められることになるだろう。ここでセラピストは、個として――しかし私的な個ではない――クライエントに出会うのである。

では、セラピストは誰に対して自己紹介を行うのか、すなわち、クライエントは誰か。次節においてこの問題を考えていこう。

4 誰がクライエントか

誰がクライエントか――この問題も決して自明のことではない。

原則的には、来談した人がクライエントである。このことに異議を挟む心理療法家は少ないであろう。しかし、実際の面接の場にはさまざまな人が来談し、この一見当然視されている原則にしばしば混乱が生じる。

クライエントが自分の問題で来談した場合は、この原則が揺るがされることは少ない。混乱が生じるのは、以下二つの要因が複合した時である。一つは、症状を出している人と来談者が別人である場合、第二は、症状を出している人と問題（症状発現に関わる）をもっている人が別人である場合である。さらに、複数の人が来談した場合にも混乱が生じるが、これについては後に述べよう。

わかりやすい例を挙げよう。「部下に不審な言動が見られる」との主訴で来談した上司について考えてみる。

ここでは少なくとも二つの場合が想定される。(1)「部下の言動が不審である」との上司の判断が客観的に見ても妥当であるとみなされる場合、(2)上司の見た「部下の不審な言動」は上司の内部の問題（妄想等）である場合の二つである。

最初に述べた原則に従うならば、(1)(2)どちらの場合であっても、クライエントは上司である。確かに(2)の場合、われわれは何ら問題なく、上司その人をクライエントとみなすことができる。症状をもっている人が来談者であるからである。ところが、(1)の場合には、知らず知らずのうちに、「クライエントは部下である」という過ちを犯してしまう。

筆者がこれを「過ち」としたことは奇妙な感すら与えるかもしれない。現実的な処遇としては、部下をクライエントとして、面接の場に来談させる道を考えることに、何ら誤りはないからである。しかし、部下は今はまだクライエントではない。

さらにいうなら、(1)か(2)かの判断は、多くの場合、上の例ほど容易ではない。例えば、「職場の仲間が悪口を言う」という訴えは、職場の仲間の態度に問題があるのか、それとも来談者の内部に属している問題か。すなわち、環境を変えれば問題が解決するのか、それとも、クライエント自身の問題として心理療法を行うのがよいのか。

そして、また、先の第二の要因がここに絡んでくると、問題はいっそう込み入ってくる。例えば、子どもの問題に悩んで母が来談した場合を取り上げよう。来談者は母であるが、症状を出しているのは子どもであり、しかし、その子どもの症状は母や家族と切り離しては考えられない場合、誰をクライエントとすべきか。

ここで、冒頭で述べた原則は大きく揺り動かされる。それは、心理療法を行う基盤さえも危うくする。症状を出している子どもにも心理治療が必要なのではないかとの思いが、子どもがクライエントであるという思いにすり替わり、クライエントは来談者、すなわち母であるという重大な事実を軽視させることになるからである。来談者が語る問題に耳を奪われ、それを語っている人の軽視が生じてしまうのである。

われわれを混乱に導くのは、症状を出している人がクライエントであり、症状を出している人は問題をもっている人であって、心理治療を必要としている人であるという固定観念である。症状を出している人、問題をもっている人、心理治療を必要としている人、クライエント、この四つは別個の概念であることをここに、確認しておこう。確かに、身体の病気の治療においては、症状をもっている人が治療を必要としている人であり、患者となるべき人であろう。しかし、心の問題を考える時、われわれはこの医学モデルから自由にならなければならない。

では、症状を出して苦しんでいるのに、来談しない人はどうなるのだろうという疑問が生じるかもしれない。しかし、われわれが共に何かを行えるとすれば、それは来談した人となのである。したがって、来談者こそクライエントである。まずこの視点を確立しておかなければ、「クライエントの語るところに耳を傾ける」という心理療法の本質を見失うことになる。この視点を確立した上で、来談したこのクライエントと心理療法を行うのが適切か、また、心理療法を行う可能性はあるか、それはどのような形（方法）で可能かを二人で検討する。これが初回面接の最も重要な作業である。

次いで、症状を出している人については、このクライエントを通じて、その人の心理治療が可能かという点が一つの判断の基準となろう。先の部下と上司の例ならば、当然不可という結論が出るだろう。したがって、部下の心理治療そのものは別個の問題として考えることになる。

さて、母と子の場合、母を通じて、子どもの心理治療が可能か否かの判断は難しい。子どもの状態も考慮に入れて慎重に判断する必要がある。しかし症状を出している子どもが来談しないという事実は、そのこと自体すでに母と子の関係の一つの現れであることを見逃してはならない。いずれにしろ、子どもの心理治療について、クライエントである母の性急な訴えに応じようとすれば、ここで過誤が生じる。不登校児を精神病院に強引に入院させるというような事態が起こるのはこのような時である。まず症状を出している子どもを射程に入れておきながら、なおかつ「クライエントは来談者である」という原則を見失ってはならない。そこでわれわれにできるのは、「来談者の語るところに耳を傾ける」ということの一事である。

最後に、来談者が複数の場合について考えておこう。子どもが症状を持っている場合、多くは子どもとともに親が来談する。両親のみならず、教師、親戚等々が来談することがあろう。この時こそ「クライエントは来談者である」という原則を崩す必要がでてくる。親と子、それぞれをクライエントとして別のセラピストが担当する場合はこの問題はないが、一人のセラピストが来談者全員に同時に会う場合には、力のある人が喋り続け、初回面接の時間の大半を独占してしまうということになりかねない。

こうした場合、来談した人々のうちの誰をクライエントとすべきか。とくに初回面接においては、その中で一番弱い人、家がもつ病理を一人で荷わされている人、すなわち、症状を出している人である。通常はまったく無視されているであろうこの人の語るところにわれわれは耳を傾けるのである。それがたとえ沈黙という言葉であってもである。クライエントの言葉に耳を傾けるセラピストのこの態度が、引き続く心理治療過程がどのようなものであるかをクライエントに紹介することになる。これが親や他の来談者の前で行われた方がよいのか、それとも、クライエント一人の面接時間をとった方がよいのかは、クライエントのみならず他の来談者への十分な配慮のもとに決める必要がある。なぜなら、セラピストのこの態度は、親たちにとっては一つの脅威であり、この脅威があまりに強すぎると、クライエントの以降の来談が、親たちによって無意識のうちに阻止されることになるからである。

以上、誰をクライエントとすべきであるか検討してきた。次に、そのクライエントとセラピストの出会いの場について考察を続けよう。

5 出会いの場——良くなるのでしょうか？

通常、相談機関は予約制をとっている。緊急の場合を除けば、クライエントは電話で予約し、その後、定められた日時に来談することになる。

この「予約制」は、クライエントとセラピストが個として出会う場を、時間・空間的に整備するためのものである。忙しい日常業務の合間に、手の空いたセラピストがクライエントに会うのではなくて、初回面接のための時間——通常の面接時間より、少し余裕をもった時間——が、予め設定されているならば、不安な気持ちで初めて来談したクライエントも、自分がセラピストによって待たれていたことに改めて気づき、ホッとした思いをもつであろう。また、来談を他人に知られたくないクライエントは、待合室で長時間、人の目にさらされることから生じる不快感を回避することもできる。

先に、初回面接は、クライエントとセラピストの「出会いの場の始まりの場」であると述べた。しかしながら、それは以下述べるように、決してまったくの白紙の出会いではない。初回面接は、ここにいたるまでのクライエントの歩みの「結果」である。初回面接そのものが、クライエントによってさまざまに色づけされて開始される。

クライエントにとっては、予約の電話をすることすら相当の決意を必要とするであろう。事前に、名を明かさずに何回も電話をかけ、その相談機関がどのような所か、秘密は守られるのか等々を調べるクライエントも少なくない。とくに、企業や学校内にある相談室では、上司や友人に来談をしられたくないクライエントも多い。相談室を利用することは自分の汚点になると感じられるからであろう。また、予約日の決まった直後に、その日が待てず、不安のあまり来談する人、断わりや迷いの電話をする人等々、クライエントは、面接の日をいたたまれないほどの不安な思いで待つのである。そして逆に、予約したとたん、不登校の子どもが登校しだし、主訴がなくなる場合や症状が消失する例もある。このように、来談を決めたその時から、初回面接の日までの間においても、クライエントの内部ではさまざまなことが起きている。クライエントはそれを初回面接の場にもち込んでくるのである。

あるクライエントは、自らの問題を、あるいは自分の家族の問題を、自分の力ではいかんともできないという思いから、やむなくセラピストのところを訪れるであろう。また、あるクライエントは周囲の者に勧められて、さらには、家族に強引に車に乗せられて、セラピストの所にやってくるであろう。いずれの場合も、その時、クライエントの心中には、自分と自分の人生に対する絶望感、敗北感、そしてセラピストに自分の失敗を指摘されるのではないか、「異常」という烙印を押されるのではないか、あるいは、このまま精神病院等に入れられるのではないか等々の、不安や恐怖感が大きく横たわっている。

しかしそれにもかかわらず、クライエントは来談した。そのことの意義は大きい。残る力を振り絞ってといえるかもしれない。同時にそこには、一筋の希望の糸に縋りつく思いがあろう。それは逆に大きな期待となって、セラピストに向けられることになる。ここに、前節で述べた転移の萌芽がある。

このようにクライエントは、大きな不安にさらされながら、セラピストとの最初の出会いの場に臨むのであるが、その不安の程度は、クライエントの病理水準と相応したものとなろう。初回面接という不安な場面は、クライエントの病理が深ければ深いほど、その病理を否応なく顕わにさせるといってよい。それゆえにこそ、この面接の場が、心理療法を行うか否かを、また、どのような形で行うことが可能であるかを検討する場となりうるのである。そこでは、精神医学や精神病理学の知見の助けも借りることになるが、それは、いうまでもなく、診断名をつけるためではない。心理療法を行う上での慎重な判断のためである。この点については第7節でさらに検討する。

ここで大事なことは、このような「判断」をするのはセラピストだけではないということである。クライエントもセラピストの「力」を計っている。この人は自分の苦しみを取り除いてくれるのだろうか、本当に良くなるようにしてくれるのであろうか、と。クライエントは自分の身に何が起こっているのかさえもまったく分からないのである。そこには、とにかくこれ以上苦しい思いだけはしたくない、状態が悪くなることだけは避けたいという気持ちがあろう。

このような状況にあって、クライエントが次回からの心理療法の開始を決定するのはどのような時であろうか。――それは不安が若干たりとも軽減された時であろう。暗闇の中に一条の光を見出した時といえるかもしれない。この方向に行けば、少しは楽になるとクライエントが感じた時である。クライエントはセラピストの所にやって来るまでに、多くの人に相談したかもしれない、一人で密かに悩み続けてきたかもしれない。しかし、セラピストと会い、そこで文字通り「初めての出会いの兆し」を感じた時、「また来たい」と思うであろう。「初めての出会いの兆し」がそこになかった時、クライエントは再度来談する気力を失う。クライエントにとっては、来談することは、それほどに苦痛を伴うもの、エネルギーを必要とするものなのである。

心理療法の初めにクライエントの不安を安易に取り除いてはならないといわれている。それは、セラピストが心理治療を一人で引き受けるにいたることに対する警告である。確かにそこには、クライエントをして、そのように錯覚される危険性が大いにある。しかし、クライエントの不安は、本来決してそれほど容易に取り除けるものではない。この強い不安が、さらに不安を生むという悪循環を来たし、縺れた糸をほどく手懸りも余裕もまったくなくしてしまっているのが、来談時のクライエントの状態であろう。この過度の不安を少しでも軽減することができた時、初めてクライエントをして、みずからの問題解決の端緒に着かせる道が開かれる。

「良くなるのでしょうか」——初回面接の場に、しばしばクライエントがもち込んでくるこの問いは、上述の強い不安から発せられるものであろう。そこでは、この問いは、クライエントとの心理療法に対するセラピストの覚悟を問うものであるとの認識が不可欠であると筆者は考えている。

6 主訴——なぜ

クライエントが相談機関を訪れる時、そこには何らかの主訴がもち込まれる。予約日に来談したクライエントを迎えたセラピストは、簡単な自己紹介の後、相談申込書に、クライエントの氏名、年齢、職業、家族構成等とともに、相談内容の記載を求める。ここに書かれた相談内容を一応主訴と考えておこう。

主訴とクライエントがもつ問題とは当然一致するものではない。しかし、クライエントが何を求めて来談したのかが、まず最初に文字として記載されることは意味深い。それは、クライエントの意識が、今生じている問題をどのように把握しているかを、セラピストのみならず、クライエント自身にも明らかにすることになる。母子で来談した場合、クライエントの氏名は子どもでありながら、主訴は「母の主訴」である場合も多い。このように相談申込書の記載は、第四節のクライエントは誰かという問題をも含めて、心理療法の重要な手懸りをセラピストに提供する。

前節で述べたように、クライエントはさまざまな思いをもって来談する。予約の申し込みから来談にいたるまで、そして来談日のクライエントの状態、さらにこの相談申込書——これらの手懸りによって、セラピストはクライエントの不安の程度（病理水準）を知り、クライエントの内的状態と歩調を合わせて、初回面接に臨むことができるのである。

クライエントを待合室から案内し、共に面接室に入室したセラピストは、そこで、再度、しかしさらにはっきりと、自分の氏名と自分がクライエントの心理療法の担当者であることを伝える。とくに、医師やソーシャルワーカーなど他職種と共同して治療に当たる場合は、混乱を防ぐためにも、自分の職種を明確にしておく必要があろう。

こうして、初回面接は開始される。それはまず、クライエントの主訴に耳を傾けることから始まる。先にふれたように、クライエントの状態に合わせて、その主訴を「聴く耳を持つ」準備がセラピストになされているならば、この過程にスムーズに入っていけるだろう。セラピストが自己紹介を終わるや否や、みずからの主訴を語り出すクライエントもいる。他方、セラピストが一つ一つ問いかけない限り、何も語ろうとしない、否、語れないクライエントも多い。いずれにしろ、セラピストの問いかけの言葉は、クライエントができるだけ自由に語り出せるようなものであることが望ましい。

例えば、親に無理やり連れて来られた子どもは、セラピストの前で、涙を流すことはあっても、主訴を語るにはほど遠い状態にある。そこには、「なぜこんなところに連れて来られたのか。これから自分はどうされるのか」といった不安な思いがあろう。このような子どもに対しては、そのクライエントの不安な気持ちをセラピストが的確に言葉にすることができたならば――その時、クライエントはたとえ微かにではあっても頷くだろう――、初回面接の目的を大半達したといえる。なぜなら、それこそ、このクライエントの「主訴を聴く」ことになるからである。すなわち、「来たくなかったのに、なぜ」という訴えは、紛れもない主訴である。

この「なぜ」という思いは、子どものみならず、親の問いでもある。「なぜ、自分の子どもはこんなことになったのか。自分の育て方のどこが悪かったのか」と。クライエントたちは、自分の状態をセラピストに訴えながら、同時に、「なぜ、こんなことに」との思いを訴えている。来談するにいたるまで、クライエントたちは繰り返しそれを問い続けてきたのである。

「なぜ」という原因追求は、親が悪い、子どもが悪い、夫が悪い、妻が悪い……と自分の最も身近なものの中からの犯人探しになる。子どもが親を責める時、それは自分を支える基盤を失うことになり、事態をますます悪化させる。周囲の者から、子どもの過保護が原因だといわれた母は、子どもに対して厳しくあろうとして、かえって問題を拗らすであろう。また逆のことも起こる。このようにして、原因追求は出口のない悪循環に陥る。そして、そんな自分を責め、いかんともしがたい自分の運命を悔やむことになる。「なぜ自分は生まれてきたのか」「自分のような人間でも生きていてよいのか」と。

クライエントは、この問いに疲れ果て、もはや何も考えたくないと思いつつ、なおもこの問いに答えてくれる人を求めて来談する。クライエントにとってセラピストは、この「問い」の答えを知っているべき人である。クライエントは、セラピストの中からこの「知」を引き出そうとする。こうして心理治療関係が成立する。換言すれば、心理治療関係は、クライエントがみずからのこの要請を、一方的にセラピストに引き受けさせる形で成立してしまう。心理療法過程の早い時期に、転移治癒という形で症状消失がみられるのは、すでに初回面接において、このような心理治療関係の基盤が生まれているからである。ここに、初回面接において、「診断」と「心理アセスメント」を決してなおざりにできない重大な理由がある。クライエントが何を、どれぐらい、セラピストに引き受けさせようとしているのかの見通しがないままに心理療法を開始することは到底不可能だからである。

この点についての検討は次節に譲り、「なぜ」という問いに戻ろう。この原因追求という過酷な作業は、主にクライエントの自我の働きによるものである。クライエントの自我は主人に忠実であろうとして、みずからも気づかぬうちに主人の首を締めている。もがけばもがくほど首が絞まっていく。この危機的状況を敏感に察知し、危険信号を発しているのが、無意識の作用による症状の出現である。すでに述べたように、クライエントをセラピストのもとへ誘うのは、この無意識の働きである。症状は無意識の作用によって生じるが、しかし同時に、症状形成によって無意識は閉じられる。心理療法とは、クライエントによって閉じられてしまったこの無意識が開示される場を整えることである。したがって、真の面接場面は、クライエントの無意識に開かれた場となる。その場にあって、クライエントとセラピストは、共にこの無意識に耳を傾けるのである。

今や、本節で取り上げてきた「主訴」とはいわば「自我の訴え」であったことが明らかになってきたであろう。セラピストはこの「主訴」に耳を傾けながら、その背後の無意識からの言葉が、そこに現れ出てくるのを待つのである。

最後に、第４節で述べた母と子の面接についてふれておく。子どもの状態について、母の訴えを聴く時、それは上述と同じ作業が行われていると考えられる。母の訴えを聴きながら、われわれがそこに子どもの言葉を聴き取ることができるならば、母を通して子どもの心理療法も可能となる。

7　診断・判断・決断

初回面接において心理アセスメントが重視されるのは、すでに触れたようにセラピストが安易に心理療法を開始することがないよう、自らを厳しく戒めるためである。心理療法は人の心に深く踏み込む。そのことの認識がセラピストにないままに心理療法が開始されたならば、気づかぬままにクライエントを深く傷つけてしまうという事態が生じる。したがって、心理療法は慎重に開始される。心理療法の開始は、クライエントの病理水準とそこに生起しうる転移の質と強さの把握（心理アセスメント）に基づいて、クライエントとセラピストが二人でその心理療法を遂行できるか否かを判断し、最終的にはクライエントの決断によって決められる。すなわち、クライエントのこの「決断」をもたらすために、セラピストの的確な「アセスメント」と慎重な「判断」が求められるのである。換言するならば、心理療法が開始されるに当たっては、その適否についての、⑴客観的な基準に基づいた判断と、⑵セラピストおよびクライエントの主体的判断の両者が必要になる。
以下にまとめておく。

⑴ 客観的な基準に基づいた判断

第一になされるのは、クライエントの問題が心理的な要因に関わるものであるか否かの判断である。ここで「関わる」といったのは、原因、結果を問わず、心理面接が効果をもつような問題がそこに介在しているか否かの判断である。

この点を明確にしておかなければ、原因論と治療論の混乱が生じてしまう。かつて、自閉症児の心理療法の適否の判断に不要な混乱が生じたのはこのためであった。たとえ器質的な原因から生じた障害をもつクライエントであっても、その障害をもつその人を問題とする以上、心理面接は無効であると即断することはできない。心理療法は、原因そのものを追求するものではないことはすでに述べたとおりである。

それゆえ、初回面接においては、心と身体をもつ全体的な存在としてのクライエントをとらえる視点が重要になる。

例えば、遊戯療法場面での行動が、対人関係障害を主訴として来所した幼児の難聴の発見につながることもあれば、反対に、てんかん発作のために、強い母子分離不安に陥っている子どもに、二次的な心因発作の混在を見いだす場合もある。さらに、心因によってあらゆる身体症状が起こりうることは、転換ヒステリーが如実に示している。したがって、逆に、心因性の疑いの濃いものであっても、心理療法を開始するにあたっては、身体疾患との鑑別診断が不可欠となり、同時にまた、明確な身体疾患があっても、心理的要因がそこに付加されていないかの判断が必要となる。

次いで第二は、心理療法を開始することによって、クライエントの心身状態の悪化・急変が将来しないかについての判断である。

とくに、精神病圏のクライエントに対しては、最適の面接開始時期を含めてこの判断が重要になろう。また、妊産婦や身体疾患の患者については、身体の状態に心理療法が与える作用を考えておく必要がある。

第三は、心理療法に優先させるべき他の治療法の有無の判断である。

例えば、十二指腸潰瘍等の器質的な障害がある心身症に対する身体的治療、精神病の発症による行動化に対する薬物療法、劣悪な環境条件が作用している精神障害に対する環境調整等、まず優先させるべき治療法の有無を検討し、その上で心理療法の適否を判断する。

最後に、年齢・知能についてふれておこう。歴史的には、年齢・知的能力による適応除外の範囲が検討された時代もあったが（例えば、C・R・ロジャーズ）、しかし、今日、技法の進歩とともに、幼児や知的能力に遅れがみられる者においても、箱庭療法や遊戯療法で豊かな象徴表現を示すことが知られている。したがって、初回面接の客観的基準として、年齢・知能による適用除外を設ける必要はないと筆者は考えている。付言するならば、知的障害の子どものみならず、認知症に対する心理療法適用の道の追究も心理療法家の課題であろう。

(2) セラピストおよびクライエントの主体的判断

初回面接の本来の意義から考えるならば、前者の客観的判断よりもこの主体的判断はさらに重要である。

この判断は、（A）セラピストの条件からの判断と、（B）クライエントの条件からの判断に分けられる。以下、各々について詳述していくが、当然ながら、両者は相互に密接に関わっている。

(A) セラピストの条件からの判断

今日、心理臨床の現場では、境界例と呼ばれているクライエントを初めとする人格障害等、薬物治療が著効せず、長期の面接を必要とするクライエントが増加している。心理臨床に対する社会的要請はかつてないほど大きくなり、その責任は重い。

セラピストが自分の能力、担当しているクライエント数や日常業務等の現実的条件を考慮しないで、新しいクライエントの心理療法を開始するならば、セラピストの心身の病気他さまざまな理由で、面接途中であるにもかかわらず、心理療法の遂行ができなくなる可能性が生じる。それはクライエントを深く傷つけ、不幸な結果さえ招きかねない。

このような不測の事態を極力回避するためには、初回面接において、クライエントについて今後どのような転移が発展するか、ある程度の見通しを得る必要がある。この見通しは、相当長期の視野で考えておかなければ、転移の終息という重要な心理療法過程にいたらないまま、セラピスト側の要因で中断にいたる危険性がある。

この見通しを得るために検討すべき、具体的な諸点を以下に挙げておく。

(a)週何回の面接が必要か
(b)面接時間の枠は守られるか
(c)退行の程度
(d)通所の面接が可能か、入院が必要になる事態は生じるか
(e)自殺等の行動化の危険性
(f)クライエント本人のみの面接でよいか、家族の面接も必要か
(g)大体の心理治療期間、等々

これらの諸点の検討は、クライエントの自我の構造とその形成過程の心理アセスメントとなる。セラピストが初回面接開始前に、この点についてすでに大枠の予測を持っているべきことは第五節で述べたとおりである。その予測のもとに、セラピストは初回面接に臨んでいるのであるから、このクライエントと心理療法を行うためのセラピスト側の条件は初回面接において一応揃っているとみなすだけの十分な理由があることになる。

初回面接は、したがって、この予測から一歩踏み出し、その修正や確認が行われる場である。その作業は主訴を聴くということから始まる。では、ほとんど語らないクライエント、状態把握が難しいクライエントはどうすべきだろう。——ここで、詳細に生育歴や現症的を聞き取り、心理テストを実施するという方法をとるのは、早い時期に確実な「診断」を下し、「治療方針」を決定するためには有効であろう。

しかし、前節で述べたごとく、強い不安をもって来所したクライエントの「心理治療」にそのことが真に有効であろうか。「診断」をするためのセラピストの意識的努力は、時に、クライエントの心を開くことの妨げにさえなる。「心理治療」のみならず、「診断」においても重要なのは、セラピストがクライエントの無意識からのメッセージを聴き取れるか否かである。クライエントの口から語られる現症歴や生育歴さらに心理テストがクライエントの心理療法のための貴重な手懸りとなるには、そこにクライエントの無意識からのメッセージを聴き取り、自我の構造とその形成過程を読み取るセラピストの態度・能力が厳しく問われるだろう。

さて、このようにして、先のa～gの具体的な諸点が、セラピストの能力・条件・用いられる時間・心的エネルギー等との対比において検討されることになる。そして、総合的な見地から、自分とこのクライエントによる心理療法の可能性、方法の選択がなされる。それは、面接室の選択、セラピスト一人でクライエントの家族全員を担当するか、家族の面接は他のセラピストに依頼するか、精神科医と連携するか、緊急時に入院できる病院を確保しておくか等の面接の体制を決めることでもある。

もし、初回面接において、クライエントに、セラピストの予測に反した重い病理水準が疑われ、そして、セラピスト側にそれに対応するだけの心理療法の技法や体制のすべての可能性が無いと判断されたならば、クライエントの無意識深く介入する前に、セラピストの交替または他機関への依頼を考えることもやむを得ないだろう。

(B)　クライエントの条件からの判断

心理療法適否についての客観的条件については(1)で述べた。ここで取り上げるのは、個としてのクライエントの心理療法に対する態度・適性、意欲についての判断である。

言うまでもなく、クライエントに来談意欲・心理療法に対する適性がなければ面接は困難である。しかし、この判断において看過してはならないのは、第一に、クライエントの来談意欲はセラピストの態度と切り離しては考えられず、セラピストがクライエントの来談意欲をどこまで引き出しうるかにかかっているという点であり、第二に、クライエントの心理療法に対する態度・適正は、クライエントの無意識からの言葉を聴くチャンネルを、セラピストがクライエントとの共同作業で発見できるか否かにかかっているという二点である。

具体例を挙げよう。

クライエントは不登校の状態にあった女子中学生。父母とともに来所したクライエントは、泣き腫らした目に涙をため、不本意ながら連れて来られたという様子を全身で表していた。セラピストに伴われ、面接室に入り、勧められた椅子に座った後も、彼女はずっとうつむき、顔を伏せ、ハンカチで流れる涙を拭き続ける。問いかけの言葉さえ傷つきそうなその様子に、セラピストは「無理に連れて来られたのかな」と尋ねるでもなく言うと、彼女は力なく頷く。話すことはまったくできず、セラピストの話しかけにやっと頷く程度であった。

二、三〇分余を経、クライエントが少し落ち着いたころ、「夢をみることなんかある?」とのセラピストの問いかけに、「歌劇に行った夢を見みた」と小さな声ではあるが返事が返ってきた。セラピストの求めに応じて、切れ切れに語られた夢をつなぐと次のようなものであった。

〈夢〉

歌劇に行った夢。色つきだった。従姉と見に行った。劇場はガラガラだった。それで前の方へ行って見ようと思った。舞台は明るく、客席は暗かった。

〈従姉ってどんな方?〉「優しい」〈どのスターが好き?〉「〇〇XX」と彼女は男役の女性スターの名を挙げる。等々と、夢からの連想を話しているうちに、涙も止まり、ハンカチはポケットに仕舞われた。「次から夢をみたら、その話をまた聴かせて」と次回を約束し、初回面接を終わった。

このクライエントは、心理療法の開始が早かったことも幸いして、一年に満たない短期の面接で問題は消失し、終結を迎えた。この間、彼女は一〇の夢を報告した。翌正月、彼女から可愛い年賀状が届いた。少女らしい暖かさのあるその文中には「数々の夢の話も忘れません」と付記されてあった。

思春期の者の多くがそうであるように、このクライエントも自発的に語ることはなかった。来談当初、彼女の意識は来所さえ苦痛に感じていた。セラピストが問えば、それには答えるという形は、面接過程が進んでからも変わらなかった。その中で、初回面接において、彼女から報告された夢は見事に思春期の少女の内的な課題を示している。このように本例では、夢が二人の間で見いだされた無意識へのチャンネルとなり、以降の面接過程は夢に導かれて進んでいった。それによって、実際の親子関係も変化していったのである。

それと同時に、初回に報告されたこの夢は、暗い客席から明るい舞台に向かって歩み進むという、まさに心理療法の開始を宣告する夢である。そして、それは心優しい従姉に伴われてなされている。

すでにここに――つまり来所前に――セラピストに対する陽性転移の萌芽さえみられるのである。

以上、一つの例を示し、クライエントの条件からの判断は、無意識の次元におけるセラピストとのかかわりが、面接の場においてどのように開示されるかによることを明らかにした。

さて、前述の例は短期の心理療法で終結を迎えた。しかしながら、長期にわたる面接を必要とする例や困難な心理療法の過程を経る例は多い。そのような例においてこそ、セラピストは、面接開始にあたって、今後の心理療法過程についてのある程度の見通しをもっていなければならない。次に、男子高校生が初回面接に作った箱庭を紹介し、その点について先の夢と対比し、検討する。

＊

母の勧めで来所したクライエントは、穏やかで、物静かな少年であった。彼は症状について簡単に述べる以外はほとんど自発的に語ることはなく、また、語りたい思いもまったくないようであった。心理アセスメント的にも難しい状態であったので、セラピストは慎重を期して、まず風景構成法を行った後、箱庭に誘った。彼が最初に作った箱庭は次のようなものである。

〈箱庭〉

左側に種々の木々が置かれ、深い森ができた。馬に乗った三人のカウボーイが力強い足取りで、今まさに深い森の中に入って行こうとしている。その後から、一頭の白馬が静かについて行っている。

彼のこの箱庭がセラピストに、二人のこれからの共同作業の可能性を感じさせたことはいうまでもない。セラピストは面接の終わりに彼が最初に語った症状について若干の説明を加え、続けて来所することを勧めた。彼もそれに同意した。次回、来所した彼は、ポツリポツリと次のように語った。「なんでやる気が起きないかと悲しくなっていた。それで何も考えないようにしていた。でもこの間ここへ来て、逃げずに立ち向かおうと思った。するとそのほうが調子がよいみたい。」と。

こうして長い心理療法過程が始まった。集中した面接期間は三年半であったが、主訴の消失後もさらに三年余のフォローアップ面接を続け、終結時には、彼は内面の深い考えを上手に言葉にできる話好きの大学生に成長していた。

＊

このクライエントの箱庭を、先ほどの女子中学生の夢と対比させて検討するならば、非常に重要な点に気づかされる。それはまず両者に認められるはっきりとした「動き」である。先の夢では、劇場の舞台に向かって、また箱庭では、左の森の中への動きがある。そして、どちらも自分と性を同じくする者が先導者である。前者は従姉、後者はカウボーイ。セラピストはそこに心理療法開始の胎動、可能性を読み取った。

しかしながら、その動きの方向性は二つの事例ではまったく異なっている。夢は、暗から明への動きであり、箱庭は、右の砂地から左の深い森への動きである。ここに両者の心理療法過程に明確な相違が認められる。すなわち、前者は外界への進行であり、後者は内界への退行である。後者の心理療法過程が、前者に比べて長期を要しかつ困難であったのは、相当の退行と深い次元の作業を必要としたからであろう。そして、その作業を終え、現実世界に戻るには、セラピストとの間で生じた転移の終息という課題をやり遂げなければならない。後者のクライエントが問題消失後も面接を必要としたのはそのためでもあったと考えられる。

初回面接の場にすでにこれらのことが現れ出ていたのである。セラピストは、これらのクライエントの無意識からの言葉にひたすら耳を傾け、自らの条件と総合して、心理療法開始の判断が可能となるように——すなわち、安易に開始することがないように——その能力を高めることが求められている。

8 おわりに——初回夢について

初回面接について、実際的な手続きを手懸りに、その本質的な意義を述べてきた。ここにいたって、まさに、心理療法の全過程を語った気がする。初回面接には、面接過程のすべてが凝縮した形で映し出される。クライエントが最初に報告する夢の中にすらそれが現れる。われわれはそれを「初回夢」と呼ぶ。

初回夢は、本論で紹介した夢のように、来所前にみられることも少なくない。クライエントは、来所前にすでに、夢で心理療法過程をみているのである。すなわち、クライエントの無意識は、セラピストの意識・知識をはるかに超えて、セラピストを先導する。セラピストは、クライエントとともにその無意識に耳を傾ける「場」を用意するのみである。

第3章 心理療法の終結——結果・効果を越えた地平

・初出「終結について——結果・効果を越えた地平」(二〇〇六)

1 はじめに

心理療法における終結は、「治療終結」という概念が一般に意味しているような固定的な目標達成として理解できるものではない。多様な側面から深く吟味されるべき現象であろう。終結がもたらされる要因も、また、さまざまであり、「結果」や「効果」とは別のものとして慎重にとらえなおされなければならない。

心理療法の「終結」をどのようにとらえるか、筆者自身長年考えてきたが、なかなか言葉にならなかった。それは、症状や問題の驚くほどの早い改善という心理療法の「効果」によって「終結」がもたらされた何例かの事例において、クライエントはその「結果」に必ずしも満足していないことを感じとってきたからであるように思う。他方、何十年も終結にいたらない場合がある。そこでは何が起こっているのか。臨床経験をもとに検討する。

2 終結と結果・効果

J・ノビックら(8)も指摘しているように、終結についてはこれまで十分な注意が払われてこなかった。とくに、効果の研究に比べて、終結は重視されてこなかったといえよう。たしかに、心理療法の効果に関する研究は重要であるが、これまでなされてきた効果の研究は結果の次元に留まっているものが多かったのではなかろうか。それは人間存在全体を効果という基準で切り取ってとらえているに過ぎない。そこには終結という現象からの視点が入っていない。

われわれは、終結時のクライエントの状態としての心理療法の結果については、クライエントの変容過程やクライエント・セラピスト関係の変化等をともにすることによって、実際の体験をもとに知ることができる。それに対して、終結という現象についてとらえるためには、クライエントのその後の長い生へと視線を向ける必要があろう。もちろん、心理療法の結果の延長線上にクライエントのその後の生があるとの想定のもとに終結が行われるのであるが、しかし、それはあくまでも仮定の域をでない。フロイトが「狼男」と呼ばれている事例について終結後に幾度か神経症の再発が生じたことを報告しているように、想定外の事態も起こってくる。「狼男」の再発は、期限を設定したことによって過程が促進され、早い終結がもたらされたためであった。このことに如実に現れているように、クライエントたちのその後を長期にわたってとらえなおすことが可能とされて、初めて心理療法における終結という現象の全体像に接近できるだろう。

したがって、「終結」について論じるには「結果」が得られただけでは不十分であるという思いが筆者にはあった。クライエントが終結後の年月を重ねるにいたり、その後の状況を彼らから知らされる機会が増えることに伴って、終結についての筆者のイメージも少しずつではあるがまとまってきたように思う。

3　終結の多様な水準

心理療法の開始に際しては、アセスメントに基づく方針がある。これがセラピストのあり方に大きく影響を与えていることはいうまでもない。そこには、理論的な基盤から生まれた方向性が想定されているが、終結の時点で、この想定された方向性や方針が根本的に間違っていれば、つまり、セラピストのあり方がクライエントの状態に対して適切でなかったならば、中断という結果にもなろう。この中断には、セラピストとの信頼関係が生まれなかった場合や、アセスメントの不十分さなどによるクライエントの混乱や状態の悪化をはじめさまざまな水準のものがある。また、面接が長期にわたって続いているにもかかわらず、クライエントにそれほどの内的変化が生まれないということも起こり得る。

他方、クライエントとの面接過程が順調に進み、実際的な意味で終結にいたったとしても、それが本来的な意味での終結という概念にふさわしい状態か否かの判断は難しい。そこには先に述べたように、終結をも事後的にとらえなおす視点が必要になろう。反対に、主訴が解消された、症状が消えた、課題と考えられたことが成し遂げられたなど、一般的には終結の要件が充たされているような結果が生じても、終結できないこともある。そこには、終結、つまり、まさしく「別れ」「分離」という本質的テーマが立ち現れてくるのである。

したがって、終結は、セラピストとクライエントの間で、別れの合意がなされたときに生じる現象であるととらえることができよう。フロイト(3)は、実際的な終結にいたるには次の二つの要件がおおよそ満たされていなければならないと述べている。それは、第一に、「患者がもはや症状に苦しまなくなり、また、不安や制止状態を克服したというとき」、また、第二に、「問題となっている病的現象が今後繰り返して起こる可能性をもはや恐れる必要がなくなる程度にまで、抑圧されていたものが患者に意識化され、理解できなかったものが解明され、内的抵抗が除去されたと分析医が判断したとき」である。前者はクライエントの判断、後者はセラピストによる判断といえよう。この両者の判断の合意が生じた時に実際的な終結がもたらされるのであろうが、そこには、多様な水準が作用しており、クライエントのあり方、セラピストのあり方、クライエントをとりまく場のあり方等が密接にかかわってくる。

それゆえ、終結を把握し直す作業が非常に重要になる。終結の位置づけやそこでなされることは、終結以降の長いスパンもふまえて振り返ることによって、改めて見えてくる。終結こそ、個々のクライエントのあり方が現れてくるといっても過言ではないだろう。

4 クライエントのあり方と終結

終結という現象から、クライエントのあり方をとらえるならば、クライエントそれぞれにおいて終結のあり方が大きく異なってくることが見えてくる。

たとえば、転換ヒステリーと強迫神経症では、終結のあり方が正反対ですらある。強迫神経症では、症状の軽減がすぐには終結に直結せず、面接期間は長期にわたることが多い。もう少し安心できるまでとの思いが強く、クライエントはセラピストとの別れになかなか踏み切れないようだ。

それに対して、ヒステリー、とくに単一の転換ヒステリー症状の場合、症状が軽減するや終結にいたるように思う。したがって、面接の期間は短く、二年以内で終結を迎えることが多いのではなかろうか。当初、これはこのクライエントとセラピストである筆者の関係によるものかとも考えていたが、他のクライエントにおいても早い症状の改善に引き続く終結という同様の状況が起こった。また、他のセラピストでも同様であるようだ。これはどういうことだろうか。

たとえば、心理療法開始後一年半ほどで主訴が消失したことにより終結となったある大学生のクライエントの場合である。その後、二十年以上を経た後に、終結以降の次のような彼の状況を筆者は知ることになった。終結後、大学を卒業し大企業に就職、十年余の間、無事に勤務を続けていたが、その後、事故で車椅子生活を余儀なくされ、とうとう仕事も辞めたとのことであった。

このクライエントが来所したのは、ちょっとした目の怪我をきっかけに失明にいたったためであった。資格試験に向けて勉強を始めようとしていたときであった。眼科や脳外科で長期にわたって精密検査を受けたが、原因が分からず、独力の歩行も困難な完全な失明状態になったため入院先の病院から医師に付き添われて来所したのである。しかしながら、面接の場でみずからについて語るにともなって彼の視力は徐々に回復しだし、再び、日常生活ができるまでになった。失明状態が治らないことに強い恐怖心を抱いていたクライエントにとって、この回復は嬉しいことであったが、しかし、それによって、失明の原因は、心理的要因が作用した転換ヒステリーによることもみずからに明らかになったのである。辛いことであっただろうと思う。

ヒステリーにおいては、その症状にかかわる自己のあり方、すなわち辛い感情の解離には気づかれていない。しかしながら、面接過程で症状が大きく軽減することによって、みずからのそのあり方が症状をもたらしていたことに気づかされるにいたる。この事実に直面し、彼は、強く希望していた進路を断念し、自分の能力にあった道に進むことを決めて、面接を終えていった。見事な別れの態度であった。主訴が改善したのであるから、この決断は当然ではあるが、しかし、このような終結のあり方もまた悲しみや寂しさ、怒りなどみずからの感情を他者にぶつけない彼らしい態度であることを筆者は感じていた。(9)

それから十年間あまり企業での厳しい労働に従事したが、その後彼の身体は再び自力での歩行困難という他者の助けを要する状態になった。幼くして母と別れた乳児期からの彼の育ち、彼の孤独な頑張りを、彼の語りから聴き取っていた筆者には、このような事故が起こったことを聞き、それが単なる偶然とは思えなかった。彼の意識は懸命に頑張ろうとしつつも、根底では他者の絶対的ともいえる助けを求めていたのであろうことが伝わってきたのであった。一年半余の面接期間では、彼の根本的あり方に変化をもたらすことは困難であった。

フロイト(10)はヒステリーと強迫神経症との重要な相違を明らかにしている。すなわち、ヒステリーの場合には、発病の直接原因も幼児期体験も忘却されているのに対して、強迫神経症では、幼児期に与えられた神経症の諸条件は忘却されているが、発病の直接原因は記憶されているので、そこから情動エネルギーは撤収されて本来の葛藤とは関係のない表象に置き換えられるという。たしかに、強迫神経症では、洗浄強迫に典型的に見られるように、複雑な過程を経て症状が形成され、無意味な表象に情動が結びついている場合が多い（第八章参照）。このような症状は本来の表象と情動を切り離す懸命の試みであろう。しかし同時にここに、心理療法において、この表象と感情の折り合いが生まれる作業がなされる可能性がある。それが長い過程を要することはいうまでもなかろう。

これに対して、ヒステリーでは、忘れ去る機制、つまり「抑圧」が完璧に機能している。ヒステリー症状において主に働いている抑圧とは、症状の原因にかかわる表象の抑圧であり、彼らの意識は症状の原因を知らない。なにゆえそのような症状がみずからに生じたのか、彼らの意識はまったく知らない。それらは抑圧され、意識から解離されている。しかしながら、面接におけるクライエントの語りは、先のクライエントの回復過程に如実に見られるように、そこに穴を開けることになる。その過程で語られた内容は、明らかにクライエントの失明の「原因」にかかわるもの、否、「必然」ですらあった。フロイト(11)も劣悪な環境にあって、このような症状が人間の生きる守りとなることに気づかされていたようだが、みずからの語りによってその症状が軽減していく過程を体験するとき、クライエント自身に症状の意味が分かってくる。それが思いがけない事実であるからこそ、それに直面させられたクライエントは、否応なく早い終結にいたるのであろう。その別れの潔さは、あまりにも見事である。

5 おわりに——よい別れに向けて

上に述べたような症状や問題の短期間での改善は、子どもにおいてもしばしば見られる。心理療法は、クライエントにもセラピストにも思いがけない症状や問題の改善という効果をもたらすが、症状形成にみられるクライエントのあり方は、その「別れ」の仕方にも現れてくる。われわれはこのようなクライエントのあり方、その症状の意味を十分に理解して心理療法を進める必要があることを、そして終結について考える重要性を、痛感させられる。初回面接の時点から、効果という基準に振り回されることなく、終結における「良い別れ」に向けて、じっくりと歩みたいものである。結果や効果・効率が優先される今日の社会であるからこそ、心理療法ではこのような観点を大切にしたいと思う。

第4章 セラピストの機能としての書き印す行為

・初出「書き印す行為——青年期の心理療法」（一九九〇）

1 はじめに

心理療法において、記録を残すということはどういう意味をもっているのだろう。フロイトは、各セッションの記録を「夜、仕事をすませた後で、自分の記憶から取り出して書きつけている」[12]と述べている。これらの臨床記録によって、彼の精神分析の理論構築は、絶えざる修正を加えられて形成されていったのであり、それらは、後世のわれわれの事例検討にとっても、貴重な資料となっている。このように、フロイトの記録は、今日の心理療法の礎となった。ここで問題となってくるのは、記録の「内容」である。

さて、本論において筆者は、上に述べたような、書き残された「内容」ではなく、面接場面におけるセラピストの機能としての「書き印す」という行為について考えてみたい。

2 面接場面の記録

まず、フロイトの考えに言及しておこう。彼は、実際の面接中にクライエントの語る内容を書きとめることは、心理治療の妨げになると考えていた。みずからの技法を「ただ何事にも特別の注意を向けることをせず、聴き取られる一切の事柄に対して、『差別なき平等に漂わされる注意』を向けるだけのことである」と言明したフロイトは、「聴くこと以外のすべての補助手段を、患者の連想を書き留めておくことさえも」(12) しりぞけた。

その理由として彼が挙げた諸点をまとめると、以下のとおりである。

(1)クライエントに不信の念を起こさせ、収集する資料の障りになる。(13)

(2)セラピストの注意がクライエントから離れ、それがクライエントを傷つける。(14)

(3)われわれは、筆記したり、速記したりしている間に必然的に材料から有害な取捨選択を行い、クライエントの連想を解釈するために不可欠な自分自身の精神活動の一部を、この取捨選択に結び付けてしまう(12)。

(1)(2)は、語る主体であるクライエント、および、そのクライエントとセラピストの心理治療関係に与える影響であり、(3)は、クライエントの語る言葉を聴く、セラピストのあり方が問われている。フロイトは、このセラピスト側の要因をとくに重視した。それは先に述べた彼の技法が、セラピストの無意識を用いることを意味していたからである。次のようにフロイトは記している。「分析医は、患者の提供する無意識に対して、自分自身の無意識を受容器官としてさし向け、話者に対する電話の受話器のような役割を果さなければならない」。(傍点筆者)(12)

それに対して、C・R・ロジャースは記録をとることに対するカウンセラーの心配は、その罪悪感によるものであり、できることなら全く完全な記録を面接中にとるべきであると述べているのであるが、今日、面接場面にあっては、クライエントの前で記録をとらないことが通例とされている。このフロイトの姿勢が暗黙のうちに心理療法家たちに受け継がれてきたからであろう。このフロイトの姿勢を、筆者もまた非常に重要だと考えている。

それにもかかわらず、筆者は、現在、クライエントの語る言葉をその場で書きとりつつ面接している。今のような面接形態をとるようになったのは、十年あまり前からである。当初は、明確な意図をもってそうしたわけではない。面接直後に記録の時間がとれず、後の記録のためにメモを書くようになったこと、初回面接や親面接において、生育歴や現症歴を聞く際に、書きとっていたのが、その後の面接にも引き続いていったこと等が直接的な要因であった。しかし、より本質的な要因は、青年期のクライエントとの面接が増えたことであった。すなわち、彼らが語る言葉をいかに聴くかということであった。

3　青年期の特殊性——言葉と転移

心理療法は二人の人間の十全な対話の上に成立する。その対話がどのような質のものであるかは、クライエントの年代によっても微妙に相違する。それは、一つには、クライエントが表現しようとする心的世界と、表現するための言語との関係による。

たとえば、言語をいまだみずからのものとしていない幼い子どもは、その世界を遊びにおいて展開していく。遊びは、彼らがみずからの世界を形成する助けとなる。そして、その過程において、言語との出会いが生まれる。クライン（M. Klein）が、子どもの遊びの中に、解釈として言語を介入させたのは、ラカンの用語を用いれば、子どもの「想像的な」世界に秩序をもたらすためであったといえよう。子どもがその「想像的な」世界を面接場面で表現していく際に、強い不安が生じたときには、セラピストの適切な言語的介入が、子どもをその不安から守る機能を果たしうる。次いで、思春期の少年少女もまたみずからの世界を語ろうとはしない。否、彼らは言語には還元できない世界にまったく圧倒されてしまっているといった方が適切であろう。

しかしながら、青年期にいたったクライエントたちの多くは、これら幼児期や思春期とは異なって、言語を大いに「活用」する。彼らは、みずからの心的世界を言葉によって「正確」に表現することを願う。そのことが、ときには、言葉を先走りさせ、空疎な言葉が次々と発せられる結果をもたらすことにもなる。しかし、いずれにしろ、彼らにとって、言葉は自己を守る大きな拠り所となっている。そして、彼らは、言葉による他者との合一を求めて苦闘する。それは言葉と自己との合一でもある。彼らは、自己の思いと他者の言葉の微かなズレをも見逃さない。それゆえ、他者の言葉は、しばしば彼らにとっては侵入的なものとなる。

このような青年期にあるクライエントたちと会っているとき、ラカンの「パンクチュアシオン」という表現が筆者の目の中に飛び込んできた。パンクチュアシオンとは、「句読点を打つ」という意味である。ラカンにおいてそれは、彼独自のセッションの終了の仕方をさす。フロイト以来、精神分析においては、一セッションの時間は、クライエントとセラピストとの契約によって、あらかじめ決定されてきた。フロイトにあっては正確に五十五分間が守られていた。[15] ラカンはこの前提を破った。彼はクライエントに言葉の停滞が生じたとき、即座に、そのセッションを打ち切った。それゆえ「短時間セッション」と呼ばれるようになったが、ここでいう言葉の停滞とは、転移の出現による無意識の閉鎖を指している。転移の出現と無意識の閉鎖は、同時に、瞬時に、起こる。そのときこそ、ラカンは、そこに「句読点を打つ」べく、セッションの終わりを告げたのである。

「句読点を打つ」ということについて、ラカンは、古代の聖典の解読をたとえとして、次のように説明している。「句読点の欠如がその意味を多義的なものにしているという事実は、聖書や中国の聖典など、象徴的な書物の写本研究に如実に見てとることができる。句読点が打たれると意味が固定する。句読点の位置の変更は、意味の改新や転倒を生じる。そして句読点の間違いはその意味を誤らせるにいたる」[16]。ラカンにとって、クライエントの言葉は句読点が正しく打たれ、その意味が固定されることを待っている古代の聖典のようなものとしてとらえられていたといえよう。

話を再び言葉の停滞に戻そう。青年期のクライエントと対面法による面接を行っている場合、言葉――つまり無意識からの言葉――の停滞は、寝椅子を使用した自由連想法の場合とは異なって、沈黙という形をとる以上に、逆に、饒舌な言葉の氾濫という形をとることが少なくない。あるいはまた、クライエントは、セラピストからの言葉による応答を執拗に求めるという形をとる。「先生はどう思いますか」「何かいってください」と。そして遂に、セラピストが答えざるをえないような問いが発せられる。それでもなおセラピストが答えなければ、クライエントは、対面するセラピストの表情や態度からみずから答えを引き出し、「先生はこう思っているのでしょう」と迫る。逆にもし、セラピストがクライエントの期待通りの答えを返したならば、彼らはその合一をさらに求めて新たな問いを発するだろう。しかし、セラピストの答えは、必ず、クライエントの期待する答えとは合致しなくなるときがやってくる。そのとき、それはクライエントを大きく失望させ、しんどくさせ、怒りを生じさせる。

以上、青年期のクライエントの特殊性として、彼らが発する「言葉」を受け取る際の難しさについて語ってきた。次いで、その特殊性の第二の点へと話を進めよう。

それは転移の問題である。青年期のクライエントは、他の年代に比して、ひとたび転移が生じると、それは強く、かつ解消の困難なものとなる場合が少なくない。もちろん、これも病理水準との関係で論じなければならないが、いまだ現実に親子関係の中にいる幼児期や思春期、そして夫婦関係という現実的な人間関係が生じている年代である中年期以降の間にあって、青年期のクライエントにおいては、直接的な、激しい対象関係をセラピストとの間で活性化させる可能性が大きい。そこに性的な要因が作用していることは言うまでもない。

幼児期や思春期は主に、遊びや箱庭を「場」として転移が発展する。それは、具体的な他者へと向けられたいわば「横軸」の転移に対置される「縦軸」の転移である[17]。この「縦軸」の転移が生じている場合、問題が軽快すると、子どもたちは「友達と遊ぶ方が楽しくなった」等々の理由を挙げて、見事に、みずからセラピストに別れを告げて去って行く。中年期においても同様に、セラピストに向かって直接的な転移を向けられることは少なく、そして穏やかな形で終結を迎える場合が多い。

先に、青年期の特殊性として言葉の問題を取り上げたが、言葉を介して、彼らがセラピストとの合一を求めるとき、この第二の特殊性である転移の問題が重なっていることは明白であろう。このように、直接的な激しい「横軸」の転移が生じる青年期のクライエントが語る「言葉」をセラピストはどのように聴き取りうるだろうか。彼らの転移を「縦軸」のものに変換する可能性はないのだろうか。それは、クライエントの語る言葉の中にこそ——古代の聖典のように——彼らが探している答えが内在しているのだということを、いかにクライエントに伝えうるかにかかっているといえよう。

筆者は、先に述べたように、いわば自然発生的に、書き取りつつ面接をするようになった。その過程において、クライエントの語るところを「書き印す」という行為が、筆者にとっては、みずからのセラピストとしてのあり方に誠にふさわしい容器となっていったように思われる。それは、「書き印す」という具体的な行為の中に、「クライエントの語るところを書き印す者」としてのセラピストという内的意味が生じてきたといえるだろう。「書き印す」行為において、クライエントの言葉の中にこそ答えがあることを示し、また、「書き印す」行為において、クライエントの言葉に、文字通り「句読点を打つ」のである。

4 「書き印す」行為の三段階

前節までに述べてきたように、筆者は、セラピストが真の意味で「書き印す者」となりうる過程が、心理療法過程として誠に重要であると考えるにいたった。その過程を簡単に分けると以下の三段階になる。

第一段階：クライエントは「治してもらう」ために来談する。この段階では、セラピストは「治す者であること」が期待されている。したがって、治す者と治される者という関係において、治す者が記録をとることに対して、多くのクライエントは、まったく意義をはさまない。セラピストに、「書いてよいですか」と了解を求められたとき、否定的な返答をするクライエントは皆無に近い。過去に心理療法の経験があるクライエントからは、「前の先生は書かれませんでした」とか「どうして書くのですか」と問われることはある。しかし若干の説明をすると拒まれることはまずない。また、「嫌だというと、面接を引き受けてもらえないのではないか」等の思いが働いて、拒否したくてもできないという場合もあろう。いずれにしろ、この第一段階がセラピスト主導型で始動することは否めない事実である。

第二段階：クライエントはセラピストが記録をとるということに対して激しい攻撃を向けてくる。

それは「治す者と治してもらう者」という関係を打ち破ろうとする行為でもある。転移が強まったときといえよう。「そんな風に書かれていると、上から見られているようで嫌だ」「病人のように扱われている」「上下関係がある」等々の攻撃がセラピストに向かってなされる。あるいはまったく逆に、クライエントは、自分の語ったことがセラピストによって一字一句間違いなく記録されることを求め、それが少しでも欠けると、「自分の語っていることをセラピストは軽視している」と感じて、傷つき、怒りをぶつけることもある。

この第二段階は、すべてのクライエントが同様に経るわけではない。ほとんどこの過程を経ないですむ場合もあれば、非常に長期にわたる場合もある。とくに境界例にあっては、何度もこの作業を繰り返して、この段階を超えていくという過程をとる。すなわち、セラピストとの合一希求が強くなればなるほど、それを許さないセラピストへの攻撃も激しくなるといえる。それは現象的には目の前のセラピストへの攻撃ではあるが、その根底にあるのは、クライエントの早期段階における原初的な傷つきに対する怒りである。その際、セラピストを攻撃する理由として利用されるのが「セラピストの失敗[18]」である。セラピストが「記録をとる」という行為は、「原初的同一化」という観点から見るならば、明らかに「セラピストの失敗」である。それゆえ、フロイトも「記録をとる」行為がクライエントを傷つけると指摘したのである。そこには確かに、第一段階で述べたような、「治す者と治される者」という合一の不可能性が存在している。それゆえセラピストはクライエントの怒りの正当性をしっかりと認識しつつ、しかし、この第二段階を一歩も退くことなく、「書き印す」行為をめぐって、徹底的に話し合いをする。そこにこそ、合一希求と合一の不可能性という人間の本質にかかわる主題と取り組む契機が開かれる。

この重要な段階を経て、セラピストとクライエントの立場はまったく逆転した形に生まれかわるだろう。それが次の第三段階である。

第三段階：クライエントは語る主体となる。セラピストは今や「治す者」ではなく、真の意味での「書き印す者」つまり、「クライエントの語るところの記録者」となる。

ここにいたり、今まで述べてきた「記録」が、単に具体的な行為としての記録のみを指し示しているのではないことが理解されるだろう。最早この段階では、面接場面で記録をとるかとらないかといった実際的な事柄の問題ではなくなっている。

5 セラピストの機能としての「書き印す」行為

筆者が上述のような考えをもつにいたったのは、実際の臨床経験を通してであった。とくに、過去に多くの治療歴をもち、それらとの対比の上で、セラピストとしての筆者の果たしている機能について語るクライエントたちの言葉が手がかりとなっている。

第一章で述べたように、クライエントたちは、「ボールを投げて、ミットで受けとめてもらう。すると芸肉が削ぎ落とされるみたい」、あるいは、「セラピストはボールを投げたら受けて、返してくれる心の壁。どこまで投げられるようになったかがわかる」と語ったが、これらのクライエントの言葉に共通しているのは、セラピストはクライエントから投げられてくるものを、まさしく「受けとめる」存在であるという点である。ここで受けとめられているのは、クライエントの「言葉」である。その「言葉」にはさまざまな感情が含意され、付与されていることは言うまでもない。しかしながら、それを受けとめるということは、クライエントの置かれた苦しい状況に対する、セラピスト側からの感情的な次元での「共感」を意味するものではない。誤解を招かないためには、「共感」という用語についての筆者の考え方を詳述しなければならないが、その代わりに、先のクライエントの説明を記しておきたい。「前に面接していたセラピストがすごく可哀そうと思って下さったときは、その優しさが嬉しかった。しかし、今思うと、そのようなセラピストの前では本当の自分（怒りにみちた攻撃的な自分、礼儀正しくない自分等々）が出せなくなっていた。そのセラピストの前では良いクライエントになっていた」。

以上のような過程で生まれた、いわゆる「記録」は、クライエントとセラピストの言葉そのままが、そのときの感情とともに紙面に跡づけられたものとなる。きれいに整理されて書かれた記録ではなく、クライエントとセラピストの「戦いの跡」がそのまま残る。もちろん、それは完璧な記録ではない。欠如部分、誤字、読めない字、矛盾を一杯孕んだ記録である。しかし、そのような記録こそ意味を内包した記録といえよう。とりわけ、セラピストの言葉とクライエントの言葉の、微妙なすり替わりやズレが生じる難しいクライエントの場合、このような「生」の記録は、心理療法過程で生起した転移状況を理解する上で大いに助けとなる。このような微妙なズレを、面接終了後に再生して記録することはほとんど不可能に近い。それゆえ、そこに、セラピストの意識的・無意識的修正が入り込んでくる危険性は否めない。

ところで、「生」の記録が最も必要となるこの第二段階においてこそ、逆に記録ができないという事態が生じる。一つには、すでに触れたように、クライエントが記録を拒んだときであり、もう一つは、セラピストの感情があまりに掻き立てられて、記録することをみずから放棄、あるいは忘却してしまったときである。このことの是非は一言では論じられない。なぜなら、前者の事態は、前節で述べたごとく、そこから心理治療関係の展開が始まる契機となりえ、後者については、「書き印す」という具体的な行為の放棄が、セラピスト自身にみずからに生じた明白な感情的態度や反応等という逆転移状況を見せつけ、そこにいたったセラピストの内的過程をみずから分析し、生起している逆転移の、したがって転移の理解の手がかりを与えるからである。

しかしながら、このような状況に陥ったときこそ、セラピストが「書き印す」という機能を遂行し続けるならば、この転移の穴に必要以上にはまりこむ危険性を最小限にとどめうるだろう。ここに、「書き印す」行為の一つの意義が見出される。

さらに他の三つの意義についても言及しておこう。

第二の意義は、クライエントの語った内容を記録しておかねばならないという要請からセラピストを解放するという点である。クライエントの多くは、自分の語ったことをセラピストがしっかりと覚えていることを望む。セラピストもそれに答えるべく、記憶しておく努力が働く。また、クライエントの語る言葉がセラピストを感動させたとき、セラピストは、その言葉にとらわれてしまう。さらにいうならば、今日の心理療法家が、フロイトのように一日の面接がすべて終わってから、夜、記録を書こうとするならば、クライエントたちの語った内容の微妙な詳細が混交してしまわないためには、相当な意識的努力を必要とするだろう。

一人一人のクライエントが語った内容を紙に書き移すまで、記憶しておこうとするこの意識的・無意識的努力からセラピストを解放することは、非常に重要である。面接しつつ、その内容が書き残されるならば、セラピストは、時々刻々、クライエントの言葉を「忘れる」ことができる。それは、クライエントの時々刻々の変化にセラピストが同行することを可能にする。そして、セッションの終了とともに、セラピストは、そこで語られたことをすべて「忘れ去る」。それらは無意識（=記録のノート）へと葬り去られ、そこに貯蔵され、必要なときにのみ取り出される。

あるクライエントが次のように嘆いたことがある。「母は、私の状態が少しでも悪くなると、すぐに過去のことをひっぱり出してくる。『いつも、あなたはそうだ』と。母のその言葉が、私に昔の駄目な私を思い出させ、さらに不安を大きくさせてしまう」。

クライエントが変わろうと欲しているとき、その過去の姿を彼らが忘れ去ることを、逆にまた、安定した状態が続くようになったクライエントが再び退行することを、周囲は容易には許しはしない。セラピストでさえも例外ではありない。この制約から自由になるためにも、セラピストは、毎セッション、白紙の心でクライエントに会うべく、可能な限りの工夫が必要であろう。このことはまた、一日に、何人ものクライエントに引き続いて会う場合であっても、先のクライエントの「記憶」が、次のクライエントとの面接に侵入してくることを防ぐ。

ビオン（W. R. Bion）は、精神分析家の本質的な規律として、「欲望し理解することを回避する能力」とともに、「忘れる能力」を挙げている。[19] 一般常識では受け入れがたいような、ビオンのこの態度、これこそ、フロイトが「平等に漂う注意」と呼んだ心の状態を可能にするものであろう。

次いで、第三の意義について述べよう。面接が進んでくると、クライエントは「とても口には出せないこと」「今まで誰にも言えなかったこと」をセラピストに語ろうとする。それらは、クライエントにとっては、「恥ずかしいこと」であったり、「悪いこと」であったりする。このように自分の深奥の秘密を語るにいたるのは、セラピストに対する陽性転移が生じているからである。したがって当然そこには、大事な人を失望させたくないという思いが強く働く。その人に対して、自分にとってさえも受け入れがたい、自分の中の「汚れ」を口にすることはよほどの覚悟を必要とする。それを口にした途端、こんなことを言ってしまったら、もうセラピストに嫌われたのではないか、軽蔑されたのではないかという不安が生じてくる。

このように、「とても話せないこと」をクライエントが語ったとき、セラピストは、言うまでもなく、そのままのこととしてそれを聴き取る。そこに価値判断はまったく介入しない。そのことをセラピストはクライエントにどのように示すことができるだろう。──そのことを示す「行為」が、筆者においては、「書き印す」ことである。それは、「悪いこと」「異常なこと」ではなく、「人間の現実」である。ときには、セラピストでさえも、筆がつい鈍りがちとなる内容が語られることもあろう。しかし、そのときこそ、セラピストはしっかりと、そのままを、クライエントの眼前で「書き印す」のである。

最後に、第四の意義として、「記録」が、クライエントの眼前で書き印されることに注目しておきたい。セラピストによって、夜、記憶から取り出されて書かれた記録は、その存在をクライエントは知ることがない。それに対して、クライエントの眼前で書き印されたものは、クライエントとセラピストの共有財産となる。必要に応じて、その記録を両者が見ることができる。両者の言葉が、書き印されて残っていくという事実を、クライエントが認識していることの意義は大きい。閉じられた二人の関係が、同時に開かれていることをはっきりと示すことになるからである。

6 おわりに

心理療法の場は、具体的な人間としてのクライエントとセラピストの二人の場である。しかし、そこに、二人の具体的な人間を越えた〈他者（l'Autre）〉の場への開けが生じない限り、二人の関係は想像的な結合に留まり続ける。「書き印す」行為とは、この〈他者〉にその場を譲ることである。

したがって、本論は、決して「書き印す」という具体的な技法を呈示するものではなく、その内実を明らかにするものであったことを最後に強調しておきたい。

第5章……心理療法における料金支払いの意義——命と金

・初出「心理療法における料金支払いの治療的意義——症例『狼男』と『Anna O』の再検討——」（一九九五）

1 はじめに

心理療法における料金の問題は心理治療関係の外のこととして扱われてきたのではなかろうか。料金の支払いが心理療法の本質に深くかかわっているとの認識は、いまだ決して十分ではない。

この料金支払いの意義を最初に強調したのはフロイトである。彼は一九一三年の論文[20]で、「分析治療の開始にあたって重要な点は、時間と料金に関する規定である」と述べ、無料の心理療法が必ずしもクライエントに利益をもたらすものではないことを、自らの経験から以下のように明らかにしている。

彼は経済的な事情のために料金の支払いが困難なクライエントを、「十年間にわたって、毎日一時間、時には二時間、無料で治療をおこなってきた」という。それは、「神経症をもれなく理解することを目指して、この目的を妨げるような事情、抵抗に制約されずに仕事をしたい」との思いからであった。その結果は彼の期待に反して――このような期待があったからともいえるが――、この無料での治療が、逆に彼の行った「助力行為を妨げる一番困った障害」をもたらす要因となったことにフロイトは気づかされるにいたるのである。彼はここに転移の作用が介在していることを示唆し、「神経症患者の抵抗の多くは治療が無料でなされることによって著しく高められる」と述べている。しかしフロイトは、無料であっても、先に述べたような障害なしに良い成果を収めた場合のあったことも記しており、無料ということが心理治療関係にどのような作用を及ぼして抵抗を生じるのか、具体例において十分に明らかにしているわけではない。

今日、料金の支払いは、保険診療、私費、公費負担などと多岐にわたり、フロイトの時代よりもさらに複雑な制度上の問題が前面に出てきているため、心理治療関係における問題として取り上げるのが困難になる危険性をもっている。このような時代にあってこそ、まず料金支払いが心理療法に及ぼす本質的な作用を明らかにしておくことが必要であろう。

2 〈命〉と〈金〉

料金の問題は、フロイトが「時間と料金」と、両者を一つのものとして述べたように、時間と切り離して考えることはできない。

昔の人は〈時は金なり〉と言った。これがこの世の論理である。しかし、重症の神経症のクライエントと面接していると、〈時は命なり〉という感を強くする。われわれがこの世に生きている間に与えられている〈命〉は、〈時〉の連なりとして計られ、その〈時〉が終わったとき、われわれのこの世での〈命〉も終わる。

重症の神経症のクライエントは、転移状況が生じてくると、さまざまな形でセラピストの〈時〉を占有することを欲するようになる。たとえば、面接時間の延長、面接回数の増加、緊急時の電話による相談、さらにはセラピストの家に泊めて欲しい、自分の家に来て欲しい、等々の要求がなされる。そこにはセラピストの時間のすべてを自分のものにしたいという欲望が働いている。それほどまでに彼らは、自らの身の危うさをセラピストによって守られることを欲するにいたると言ってよいであろう。換言するならば、彼らの〈時〉の要求は、セラピストの〈命〉を、しかも無条件に与えて欲しいという願いの現れである。そしてその究極の姿はセラピストとの完全な合一である。

ある強迫神経症のクライエントは、心理療法開始後しばらく経て次のように述べた。「本当は料金を払いたくないんです。料金を払うからセラピストが会ってくれるというのでは嫌なんです。仕方ないから払っているけど、しかしこれを〈仕事〉と言わないで欲しい。〈仕事〉の上での関係と言われるとセラピストが嫌いになる。セラピストが嫌いになると、ここへも来られなくなるし、苦しくなって私が困る。」――クライエントのこの言葉は、料金を払うからではなく、無条件で自分を愛してくれるもの、すなわち自分が攻撃を向けないですむような理想像、何らの疑いも持たずに信じることのできる全き神を求めていることを示すものであろう。強迫神経症においては、このように、セラピストを神しかも完璧な神に祭りあげ、その神によって自分が守られ、自分の罪が許されることを願う。したがって、転移状況において、クライエントは〈時は金なり〉である心理治療関係を、無条件の〈果てしない〉関係にしようと必死の苦闘を始める。ここに神経症のクライエントの抱えている根本問題が顕わにされる。すなわち、〈料金支払い〉とは、この世の象徴的秩序に参入するということであり、クライエントはそれを拒否し、セラピストとの想像的合一の世界に留まることを欲する。それゆえにこそ、セラピストとクライエントの間に立ちはだかるこの〈料金支払い〉の問題は、心理療法における中心的といっても過言でないほどの重要なテーマとなる。

以上のような観点にたつならば、〈料金支払い〉の問題が心理治療関係の中でどのように位置づけられているか、その変遷の過程こそまさしく心理療法過程であり、そこに、クライエントがもつ問題や症状との関連性をみることができるであろう。

次に、フロイトによる古典的な事例を二つ取り上げて、両者を対比しつつさらに考察を進めていく。一つは「強迫神経症」、他の一つは「ヒステリー」として報告された事例である。

3　強迫神経症の場合

第一の例として、フロイトが「ある幼児期神経症の病歴より」として報告した「狼男」と呼ばれている有名な事例を取り上げる。

この事例においても、先に述べたと同じことが生じている。狼男は、フロイトの心理療法終了後もフロイトを理想化し、フロイトのクライエントしかも特別なクライエントであったことをみずからの支えとして、その生涯を終えたとさえ言ってよい。彼が晩年（七〇歳～八四歳）に著した『フロイトの思い出』『狼男の回想録』がそのことを示している。彼に執筆を勧めたM・ガーディナー[21]によれば、彼は当時ひどい抑うつ状態にあったが、フロイトについて、また、フロイトとの分析治療について書いた後には、その抑うつ状態は軽減した。『フロイトの思い出』を書くことによって、彼は再びフロイトとの一体感を回復したのであろう。

フロイトはこの事例報告を一九一四年に執筆、一九一八年に発表したが、一九二三年の補遺で、その後の再発と治療について付記し、「まだ解決されていなかった部分の転移が克服された」と報告した。[22] さらに一五年後の一九三七年、彼は自分の判断が誤りであったこと、すなわち、「この時期にも彼の健康状態は生涯つきまとった神経症の現れとしか理解できないような病気の出現によって幾度も破られた」こと、そしてそのときには、彼の弟子R・M・ブルンスヴィックが「短期間の治療を行って、それを終息させていた」ことを明らかにし、「これらの発作は依然としてこの患者に残された転移と関係があった」と述べている。しかし、フロイトは、この「残された転移」について、最初の精神分析治療で導入した「期限設定技法」の欠陥によるものとしてのみ説明しているにすぎない。[3]

さて、フロイトの事例報告によれば、狼男は金銭をめぐって、繰り返し母親を攻撃していた。父の死後、多くの財産が彼と母のものとなった。母は彼が要求するたびに自由にお金を出してくれていた。しかしそれにもかかわらず、彼はそのたびに「母は自分を愛していない。なるべく自分にお金をくれないようなことばかり考えている。おそらく母はお金を独り占めするために自分が早く死ねばいいと思っているにちがいない」と激しく非難し、泣いている母に「そうではない」と誓わせ、その後そんな自分を自ら恥じるのであった。このエピソードは、狼男にとって金銭の問題は、彼の症状の根本に潜む攻撃性と罪悪感に強く結びついていることを示していよう。

ところで、ブルンスヴィックの論文[23]によれば、このような狼男に対して、フロイトは一九一九年に行った二回目の分析治療を、彼がロシア革命によってすべての財産を無くしていたので無料にしたばかりか、以降六年間にわたって、毎春に彼のために募金を集め、彼とその妻の生活を維持したのであった。こうした状況が、狼男の転移の解消をいっそう困難にしたことは容易に推察できるが、事実はさらに複雑である。ブルンスヴィックの分析をもとにそこに生じたことを明らかにして行こう。

募金により狼男に与えられた金銭は、決して少なくない額であった。彼はそれで病気の妻の医療費や保養のための費用を払い、ときには彼自身旅行に行くこともできた。こうしたある日、彼の祖国の家に残っていた宝石がロシアから来た知人によって届けられた。彼は妻にのみそのことを打ち明けた。妻は、フロイトが知ると宝石を売って生活費に当てないといけなくなるだろうと言い、この妻の意見に従って、彼はフロイトにこの事実を隠して今までどおり募金を受け取り続けた。しかも彼は、自分にはその正当な理由があると考えていた。それは第二回の分析治療の再開をめぐるものであった。狼男は、第二回目の分析治療の開始について、自分はその必要性をまったく感じていなかったが、フロイトが進めたので再開することになったと述べている。彼は革命の混乱状態にあるロシアへ戻って、自分の財産を守りたいと思っていたのであるが、フロイトの説得によってウィーンに留まることにしたというのである。彼にはフロイトのこの勧めは、分析治療の必要性からというよりも、狼男の身を案じてなされたものだと感じられた。こうしたフロイトの好意を嬉しく思うと同時に、フロイトに従ったために財産を失う結果になったことで彼はフロイトを責めていた。さらに彼の中には、フロイトが彼を傷つけるために意図的にそう勧めたのではないかとの疑念さえ生じていたのである。しかし実際には、彼の帰国は不可能なことであって、もし帰国していたならば、彼は亡父の社会的地位のゆえに射殺されていたであろうと、ブルンスヴィックは述べている。フロイトからの金銭は、一方でフロイトが彼を傷つける意図があった証拠、フロイトの有罪を証明するものとして、彼の疑念を大きくさせつつも、他方、フロイトの彼への好意の証、完璧な神のしるしともなって、フロイトに対する狼男の愛憎対立する思いは蓋をされ続けたのである。

しかしながら、宝石の所持をフロイトに隠すようになってから、彼は募金をもらえなくなるのではないかという不安を強くし、それによって逆に彼の募金への貪欲さは増した。それと時を同じくして、彼は自分の「鼻」についての奇妙な観念をもつようになった。彼は、一九二〇年にフロイトによる二度目の分析治療を終えた後も、時々フロイトに会っていたが、一九二四年から鼻について心気症的な観念に悩まされるようになり、一九二六年、分析治療の必要があれば会いに行くようにと、フロイトからブルンスヴィックを紹介された。そして翌年の一〇月、彼はブルンスヴィックを訪れたのであった。鼻については、最初の分析治療の期間中に、フロイトに知人のX教授を紹介されて、治療を受けた経緯がある。X教授はフロイトと同年輩の高名な医師であるが、後日、彼はX教授の治療――しかも彼はX教授から二度治療を受けており、その二度目の治療――によって、自分の鼻がひどく傷つけられたという観念をもち、X教授を一〇〇〇回でも殺したいとまで思うようになった。X教授はフロイトの代理であると、狼男自身も語っているが、そのX教授に対して、不合理な激しい怒りを向けているにもかかわらず、彼は自分の中にあるフロイトへの敵意については断固として否定していた。ブルンスヴィックの分析がこの点に触れると、彼はいかにフロイトが自分に対して親密な態度をとったかを繰り返し述べて、二人の関係の質が〈仕事〉を超えたものであることを強調し、そこに敵意の生じるはずが無いことを示そうとしたのであった。

狼男は、このように自分の中にあるフロイトに対する否定的な感情をみずからに隠し続けてきたのであるが、そこにおいて、無料での治療や募金などの金銭がフロイトと自分の〈特別な関係〉を証するしるしとして重要な位置づけを与えられてきたことは明らかであろう。それは、彼の根本に潜む攻撃性と罪悪感、すなわち、愛と憎の葛藤という強迫神経症にとって最も重要な課題を取り上げることを不可能にした。

4　ヒステリーの場合

次に、ヒステリーの場合について、強迫神経症としての「狼男」と対比しながら検討する。

取り上げるのはブロイアー（J. Breuer）のクライエントであったアンナ（仮名）である。ここでは主にブロイアーの公表した報告とヒルシュミューラー[24]によって発見された新しい資料（ブロイアーのレポートと手紙、アンナやその母の手紙など）をもとにしてアンナに生じたことを明らかにして行こう。アンナは、運動麻痺、四肢拘縮、視覚障害、聴覚障害、言語機能の解体、二重人格、拒食、幻覚など、精神・身体両面にわたって多様な症状を呈していた。ブロイアーは一八八二年にR・ビンスワンガーに送ったレポートの中で「ヒステリー性の重症神経症および精神病」と診断している。

ブロイアー[11]の報告によれば、その治療はアンナの家を彼が毎日訪れ、長時間をかけて、非常に濃密に行われていた。このようなブロイアーとの関係において、食べることすらしなくなっていたアンナが、彼の手からのみ食事を取るようになり、また、彼にだけ語った。ブロイアーはこう記している。「いつでも彼女は私の手を注意深くさすってみて、たしかに私であることを確かめた後、はじめて語りだすのが常であった」「誰であれ、私以外の者にはこの患者を話すようにさせることはできなかった」と。彼女自身がこの治療を〝トーキング・キュア〟と名づけたように、ブロイアーに語ることによって、ヒステリー症状は次々と除去されて行ったと報告されている。

ところが、ブロイアーはアンナの治療を途中で中断し、ビンスワンガーにその後を頼むことになる。この間の経緯をフロイトは、一九三二年のS・ツバイクへの手紙の中で次のように述べている。「彼女のすべての症状が克服された後、ある日の夕方、彼は再び彼女のところによばれると、彼女は下腹部の痙攣を起こしてのたうちまわり、錯乱していたのです。どうしたのかと問われて、彼女は答えました。B博士からもらった子供が今生まれてくるのだと。……（中略）……因習的な驚きに駆られて彼は逃げ出し、一同僚にその患者を委ねてしまった。彼女はさらに何ヶ月も療養所で回復のための苦闘をすることになりました。[25]」これは、ブロイアーが語った言葉から後にフロイトが直感的に再構成したものであったが、フロイトは、この再構成の正しいことを確信して公表したところ、それを読んだブロイアーの末娘が父に尋ね、彼の記述の正しいことを父が認めた旨、フロイトに知らせてくれたと記している。

しかし、『ジョセフ　ブロイアーの生涯と仕事』を著したヒルシュミューラー[24]は、フロイトは公刊物では「ヒステリー出産」とは明記しておらず、せいぜい「転移性恋愛」の出現に言及しているにすぎないのであって、「ヒステリー性出産」そのものはブロイアーによって確証されたのではないと指摘している。この件に関するフロイトの公刊物の記述は以下のとおりである。「彼のカタルシスの仕事が一段落したとみえた時にその少女に突然『転移性恋愛』の状態が起こってきたのだが、これが彼女の病気になっていたことと関係があるものとはブロイアーは考えることができなかったので、彼は驚いてしまい、その女患者の前から身をひいてしまったのである」[26]（傍点筆者）

確かにこの記述の正しさをブロイアーが認めたとしても、それは「ヒステリー性出産」を認めたことではないという指摘は正しい。しかしながら、ここに記された「転移性恋愛」の状態が、ブロイアーに治療から手を引かせるほど彼を驚愕させるものであったというのは事実であろう。ブロイアーはみずからその報告において、先にもふれたように、アンナが早い段階から彼にのみ依存するようになっていたことを明らかにしており、彼女にとって自分がいかに特別な存在であったかには十分に気づいていたと思われる。その彼が、驚いて治療を中止して入院させたのみならず、退院後も二度と治療を引き受けなかった——アンナの母はビンスワンガーへの手紙に、彼女が退院後再びウイーンに戻ることになったとき、「ブロイアー博士は治療を引き継ぐことはできない[24]」と書いている——ほどの「転移性恋愛の状態」とは、やはり非常に特異な状態であったと考えられる。

しかし、ブロイアーがアンナの入院を考えたのはこれが最初ではない。実現していないが、一八八一年一月頃にもビンスワンガーに手紙を書いて入院を依頼している。当時はアンナと家族との関係が非常に悪く、ブロイアーはその調整に骨を折っていた。入院を考えた理由もそこにあったと思われるが、今回の入院はその時とは異なり、ブロイアーさえもアンナの興奮状態を今までのように沈静させる力をまったく失っており、電報で緊急入院を依頼している。ブロイアーとアンナの治療関係は、それまでとは異なり、異常な事態になっていたようである。

従来、E・ジョーンズ（E. Jones）によって書かれた『フロイトの生涯[15]』は、当時の状況を知る重要な資料とみなされてきた。しかし、ヒルシュミューラーが発見した資料はジョーンズの記述に誤りや誇張のあることを明らかにした。たとえばジョーンズによれば、アンナにヒステリー性の出産が生じて深い衝撃を受けたブロイアーは翌日妻とともに旅行に出発し、そこで娘をもうけたということであるが、既述したように、ブロイアーはアンナの入院の手配をした後、ビンスワンガーに彼女の詳しい病歴をつけた手紙を書き、アンナの出立を見届けている。したがって、すぐに彼が旅行に出たというのではないのであり、また、旅先で生を受けたとされたブロイアーの末娘ドラは、すでに三ヶ月あまり前の一八八二年三月一一日に生まれている。ジョーンズは、フロイトから聞いたとしてこれらのことを書いているため、フロイトの「再構成」そのものさえも、ヒルシュミューラーは不正確ではないかと考えたようである。

しかしながら、ヒルシュミューラーによって見出された新しい資料、とくにブロイラーのビンスワンガーへの手紙や治療の経過報告をよく読みとると、「のたうちまわるような痙攣発作」「真実かどうかわからない、あるゆる種類の作りごと」「モルヒネ注射以外では、私にはおさめる手立てをなくした興奮状態」等々、公刊された報告にはない、入院直前のアンナの状態が記されている。それはフロイトの再構成がかなり本質を付いたものであることを示している。

フロイトの言うように、これが「ヒステリー性出産」の状態だとするならば、アンナはどこから「ブロイアー先生からもらった子が生まれる」という考えを得たのであろう。ラカン(7)は、ブロイアーからであると言っている。すなわち、転移状況において、アンナはブロイアーの中に彼の欲望を探し、遂に、「子を欲している」という欲望を見出したというのである。これについては、今回、ヒルシュミューラーの資料から、ブロイアーの娘の誕生についてのジョーンズの記載の誤りが見つけられたことによって、アンナの「ヒステリー性出産」とブロイアーの娘の出生、すなわちブロイアーの欲望との深い結びつきが、以下に述べるように、いっそう明白になったと、筆者は考えている。ブロイアーの末娘ドラの誕生日は、H・F・エレンベルガー[27]の調べたウイーン市の戸籍簿によれば、一八八二年三月一一日である。逆算すると妻が身ごもったころは、丁度、アンナに自殺衝動が現れたため、彼女を家から離して田舎の別荘に移して治療を行っていた時期にあたる。それは今までのように毎日の往診は不可能になっていたが、さらに緊密な関係を深めたであろう治療状況であった。ブロイアーの報告は多くの点で正確な日付のわかりにくいものであるが、アンナが別荘に移された日付(一八八一年六月七日)のみ、正確に記載されている。アンナはこの日を「記念日」として、翌年のこの日までにヒステリー症状をなくそうと「トーキング・キュア」に励んでいたのであった。そして一八八二年三月にドラが誕生し、それに少し遅れて六月の初旬――「記念日」のすぐ後であろう――、症状から解放されるにいたっていたアンナに、先述した「のたうちまわる痙攣発作」が出現した。この二つの出来事の符号は、アンナの「のたうちまわる痙攣発作」が、ドラの誕生によってもたらされた「ヒステリー性出産」でありうることの一つの根拠となろう。

さらに言うなら、末娘の誕生そのものを、アンナの治療におけるブロイアー自身のアクティングアウト(行動化)ではないと完全に否定することはできまい。ブロイアーのアンナに対する並々ならぬ情熱の出所の一つは、アンナの名前にあると思われる。彼女の名前は、ブロイアーが三歳の時、若くして――アンナと同年代で――亡くなった彼の母の名であり、また、その母の名を継承した彼の長女の名前である。ブロイアーにとってその名は特別の名前であった。アンナに自殺衝動が生じてきた時、――それは転移が強くなった時でもある――ブロイアーの奥深くに潜んでいた母との「死による別れ」が、彼を大きく揺り動かすことになったのであろう。このとき彼は、既述のとおり、アンナを家から離して田舎の別荘に住まわせ、近くのサナトリウムの医師や看護師の助けを得ながら、懸命の治療を続けたのであった。この二人の転移関係の中から、アンナの「ヒステリー性出産」が生じたと考えることができる。アンナは、新たな命の誕生を望んだブロイアーの心の動きを敏感に感じとっていたのであろう。

ここで、われわれは「料金」の問題に立ち帰ってこの出来事を見直してみよう。

アンナの治療において料金がどのように支払われたかは不明である。分かっていることは、第一に、アンナの家は相当の素封家であったことである。したがって、料金の支払いはまったく負担になるものではなかったと想像される。とりわけアンナ自身にあっては、料金支払いは関知せざることであったであろう。第二点は、アンナの治療形態が、既述のごとく、料金を時間との関係で割り出すことのできないものであったことである。ブロイアーの度々の長時間にわたる往診、ひたすらアンナの苦しみを和らげようとその症状を取り除くために日夜悪戦苦闘していた彼の仕事は〈金銭〉に換算できるものではなかったであろう。少なくともアンナにはそう映ったであろう。そして、ブロイアーにとってもそうであったと思われる。

こうした関係から、アンナの「ヒステリー性出産」が現れたとするならば、それはどういうことなのであろうか。この点を考えるためにアンナの「ヒステリー性出産」がもつ意味についてふれておきたい。狼男にあっては、フロイトへの理想化が著しく、彼は〈神〉の位置におかれていた。それに対して、ブロイアーとアンナの関係においては、ブロイアーは僕（しもべ）のようにアンナに仕えている。むしろ〈神〉の位置にあったのはアンナである。治療においても、狼男はフロイトの忠実な信奉者であった。他方、アンナの治療は、アンナの主導で行われ、彼女は自らの治療を「トーキング・キュア」と名づけるにいたった。ブロイアーとの治療の最終局面で、アンナに「ヒステリー性出産」が結果したとするならば、それは、キリストを、〈処女懐胎〉したことによって神になったマリアと同じ道、すなわち、自らの〈神〉の位置を完成する道となるのではなかろうか。アンナは正統のユダヤ教徒の家庭に育ったが、カトリックの私立学校で修道女による教育を受けており、カトリックにおけるマリア信仰にも触れていた。アンナの後半生は、女性や子どもを救済する篤信で無私のしかし権威的な社会事業家として活躍することになる。彼女の肖像は西ドイツの切手にも描かれ、「ほとんど伝説上の人物であるかのように追憶された」とエレンベルガーも表現している。[27] まさしくそれは〈神〉への道であった。

狼男においては、転移を扱うために再会されたはずの第二回の分析治療が無料で行われたことによって、逆にフロイトの神性はますます強化された。アンナにおいてはどうであろう。アンナが〈神〉の位置にあるとするならば、〈神〉であるアンナが料金を支払って僕（しもべ）に仕えてもらうのでは、それは〈神〉にふさわしくない。ヒステリーにあっては、心理療法の対価として料金を支払っている事実は無視されるか、あるいは、その意味が無効・無価値にされる。アンナの治療において、ブロイアーの金銭を度外視した奉仕的態度はまさにアンナに〈神〉になる道を推し進めさせた。その必然的結果としてアンナは〈処女懐胎〉し、女でありながら〈神〉になる道、マリアの道に進むことになったのではなかろうか。

5　転移の解消に向けて

フロイトの狼男、ブロイアーのアンナ、この両者に共通する事実は、狼男もアンナもその症状が一時軽快したということである。それは強い転移関係において可能となった。狼男は『フロイトの思い出』(21)において、フロイトとの衝撃的な出会いを克明に記している。彼は、フロイトと出会うまでに多くの神経科医の治療を受けた。その中には当時世界的に有名であったクレペリンもいたが、彼は自らの治療の失敗を認め、「私の診断が間違っていたのだ」と説明し、なおも「どうすればよいのか」と尋ねる狼男に、再びサナトリウムに戻ることを勧めたのであった。こうして狼男は医学的援助を受ける望みをすべて断ち切られてしまったと思っていたときにフロイトに出会った。フロイトの態度は今までの医師とはまったく異なっていた。狼男の話に真剣に耳を傾けるフロイトに彼は、「偉大な人格に出会った」「遂に、自分がずっと探していたものを見つけた」と感じたと言う。そして、フロイトとの分析治療が進むにつれて、彼はクライエントというよりも精神分析という新しい発見のための共働者という思いを強くして行った。アンナにおいても同様である。アンナがブロイアーにのみ心を開いて行ったことはすでに述べたとおりである。それほどにフロイトもブロイアーも治療に専心していた。それは同時にクライエントの命を懸命に守ることにつながった。ブロイアーは食事をとることを拒否していたアンナに食べさせ、さらに自殺衝動の生じた彼女を家から離し、しかも入院させず自分が守った。フロイトも狼男の命を維持するために、ロシアへの帰国を止め、無料で治療を行い、自分の作った精神分析の原則すらも破った。このような転移関係が生じたからこそ治療がここまで進んだと言ってもよいであろう。

しかし、その結果は、両者ともに完治にはいたらず、再発あるいは状態の悪化をもたらした。そこに残されたのは「転移の解消」という大きな問題である。狼男の中のフロイトの〈神〉の位置を開けわたすにはどうすべきであったのか、アンナには〈神〉の道ではなく、〈私〉の人生を生きるという選択はなかったのであろうか。今日のわれわれに見えるこの問題の手がかりの一つは料金である。そここには、セラピストとクライエントが融合している転移状況に〈水〉をかける、料金を支払うという現実がある。クライエントがセラピストに現物として金銭を手渡すと時、まさしく二人の関係の現実が見事に現れ出てくる。

しかしながら、重要なのは料金を払うという行為の有無ではない。料金が支払われていても、払っていないがごとくにその支払いを無視するクライエントもいる。あるいは、たとえ無料であっても、料金を介在させたと同様の心理治療関係をもつことは不可能ではなかろう。心理療法の中に〈命〉と〈金〉という人間の生に必然のこのパラドックスをどう持ち込むか、セラピストには常にそれが問われている。そして、クライエントがこのパラドックスを真に認識するにいたる道程こそが、転移の解消の過程であると言えるのではなかろうか。

第2部

心理療法過程に学ぶ人間理解

第1部において、心理療法過程には人間の通常の常識を超えた現象が現れてくることが明らかにされた。われわれは、人間の心の世界をまだほんの僅かしか理解していないにもかかわらず、そのことの認識が不十分であるように思う。そこに、他者に対する偏った見方や、きめつけも生じる。

第2部では、心理療法の場に現れ出てきたものを手がかりにして、人間についてさらに考えていく。第6章では、人間はどのようにして人間となるのかを探究する臨床人間形成学の観点を呈示し、この観点を基盤として、以降の章で、人間に生じる苦悩や心の病について考えて行く。人間は人間であるがゆえに悩み、心を病む。人間に生じる心の病は、古典的には、神経症と精神病に大きく分けてとらえられ、その間にあるものとして、境界例という状態が位置づけられてきた。心理療法は、主に神経症と境界例に用いられてきたが、精神病についても、心理療法の観点からの理解は欠かすことのできない重要性をもつ。

そこで、第7章から第9章では、神経症から境界例までの状態を取り上げる。第7章では、人間の根源にある不安、第8章では、この不安との関係から生じてくる無意識的罪悪感について考える。不安は漠然としてとらえがたいがゆえに、人間を苦しめる。それが何らかのものに対象化されると恐怖の対象が生まれる。恐怖は不安に比して、その対象を避けることができる等、人間が操作できるものになる。しかし、そこには非常に複雑なメカニズムが働いているがゆえに、なおいっそう人間を苦しめることにもなる。このような苦しいあり方の糸を解きほぐすのが心理療法である。さらに、第9章では、人間の運命にかかわる心的外傷という事象について考えて行く。自らの運命との出会いにいかに対峙していくかがテーマとなる。これらの知見をふまえて、第10章では、精神病にも迫り、懸命に生きる人間についての理解を深めていきたい。

第6章……臨床人間形成学と人間の二重性

・初出「臨床人間形成学」（一九九七）

「臨床人間形成学」とは、心理療法を中心とする心理臨床の場に現れ出てきたものを手がかりにして、人間について、人間になるということについて探究する学問であると、筆者は位置づけている。人間はどのようにして人間となるのか。「人間形成」という言葉には、人間は形成されるものであるという意味が包含されていよう。誤解を恐れずに言うならば、人間は人間として生まれてくるというよりも、人間に成っていくという観点がそこにはある。たしかに、生物学的な観点においても、人間は人間として生まれてくるのであるが、人間の誕生は、人間になる出発点に立ったのであって、そこから人間になる道が始まる。したがって、「人間形成」という言葉は、人間であると同時に人間になっていくという人間がもつ二重性を図らずも見事に表していると言えるのである。

人間はこの世に生を受けるや否や、この人間形成の二重性を歩み始めるのであるが、それは人間における自己発見への道であると言い換えてもよかろう。そこには自己の対象化が、さらに言うなら理想の自己像の追求がともなわれている。このことはラカン[16]が「鏡像段階」という概念によって呈示した事象にまず如実に見ることができる。すなわち、一般に猿の場合には鏡に映ったみずからの像が生きた他者の像でないことに気がつくにいたると、その像に対する関心を急速に失うのであるが、人間の赤ん坊は嬉々としてその像と戯れ、鏡に映る周囲と鏡像との関係を体験しはじめる。ここに人間の自己発見に対する希求の端緒を見ることができると言えよう。しかもこの像は、いまだ立つこともできず、身体的な統一性を獲得していない赤ん坊の前に、みずからの全身像の先取りとして立ち現れてきたものであって、まさしくそれは赤ん坊にとって自己の理想像を呈示するものとなる。

しかしながら、鏡の中のこの像を自己の理想像として引き受けるためには、他者を、そして他者の視線を介することが不可欠である。他者が見ている自己の像としてこの鏡像を受け入れることによって、そこに自己の発見が可能になる。それゆえこの鏡像段階の事象は、人間はひとりの力では決して自己を発見しえず、したがって人間となりえないことを示している。それを可能にするのは「他者」の存在であり、「他者」との出会い無くして人間は人間となりえない。

このことは、通常の子どもの発達においては、注目されないうちに経過するため、その重要な意義が十分に認識されていないことを強調しておかねばならない。しかし他方、心理臨床の場を訪れる人たちが提起する問題は、人間たるものが必然的にもつこの本質的な問題と深く結びついており、彼らとともに歩む心理療法過程の中からこそ、人間はどのようにして人間となるのか、そこにはどのような問題が含まれているのかということが明らかにされてくる。それはわれわれが見過ごしてきた重要なことに気づかせるのであり、「臨床人間形成学」の学問としての立脚点はここにあると筆者は考えている。

さて、「他者」との出会い無くして人間は人間となりえないと述べたが、そこには何が起こっているのだろうか。

人間は、生まれて一年近くの間は、他の哺乳類と異なり、「他者」の助けなしにその生命を維持することもできないまったく無力な存在である。さらに、L・ベンダー（L. Bender）[28]が、一五世紀のフレデリック二世王によって行われた言葉の教育に関する実験の予期せぬ悲惨な結果を紹介し、新生児はいかに物質的に十分満たされても、「他者」による言葉や情緒的な働きかけが無いならば死にいたりうることを示したように、「他者」によって与えられる「物」だけでなく、「他者」という「存在そのもの」無くして、乳児はその生を維持することもできないといえるのである。

このことは次の二点を想定することによって理解可能となるであろう。一つには、クライン[29]が児童の精神分析によって明らかにしたように、乳児の内的世界には他者をそれゆえ自己をも破壊するほどの破滅の恐怖や不安が存在していること、第二に、生まれて間もない乳児でさえもその恐怖や不安を和らげるものとしての「他者」のかかわりを感じ取る力をもっていると考えられることの二点である。この第二の点については、今日の発達心理学の知見は従来考えられていた以上に乳児には優れた外界認知能力があることを明らかにしている。これらの点によって、右に述べたような乳児にとっての「他者」の存在の根本的な重要性が認識され得るのである。

非常に逆説的ではあるが、生まれたばかりの赤ん坊のこの不安に充ちた「寄る辺無さ」（フロイト[30]）こそが、「他者」との出会いをもたらす。「他者」の乳児に対する言葉や情緒的な働きかけは、彼らの不安を和らげるものとなると同時に、この混沌とした世界にあって、「私」としてのひとつのまとまりを与える手がかりを差し出すことになる。「他者」の存在によって、乳児は、この世界に拡散し埋没することから救い出される。すなわち、乳児は「他者」との出会いにおいて、そこに「私」という自己の存在を見いだすのである。ここにこそ人間としての歩みが始まると筆者は考えている。ラカンは、この現象を「精神分析が与えるまったき意味での同一化[16]」と説明している。「他者」に同一化することによって、乳児は言葉をもった人間の仲間入りをするのである。自閉症児をはじめとする、他者との出会いが生来的に困難である子どもの心理療法において、心理治療関係が深まれば、彼らはセラピストにおいてそこに自己の姿を見いだしはじめる[31]。

これらの子どもたちにおける心理療法過程における変化は、人間が人間になっていくに際して、他者との出会いが決定的に重要であることを示している。

しかし、この出会いにはもうひとつの側面がある。そこに生じていることが「同一化」という言葉によって示されたように、われわれが人間になるということはまず「他者」になるということである。したがって、そこに生まれた〈私〉は、存在そのものとしての自己ではない。存在そのものはこの〈私〉から疎外されている。人間形成はこのような存在そのものからの自己疎外を孕みつつなされるのであり、ここに人間としての苦悩の源がある。そして、心を病む人はまさしくこの苦悩の中にある。それは存在そのものとしての自己との出会いを求めた苦悩であり、人間形成という二重性を生きる人間に必然的な苦悩である。しかしながら、この苦悩の中にこそ人間が今日にいたるまで発展させてきた学問や文化の源を見いだすことができる。それはこの二重性の中に生じている溝を埋める作業であるとも言えよう。

他方、人間がみずからのこの二重性を受け入れることを回避するならば、したがって、「他者」の視点を介在させず鏡の像の中にみずからを埋没させるならば、そこには「他者」の開けは生じず、いわば自己完結した世界の中に陥ることになる。それゆえこの二重性においてこそ、人間は「他者」とともに歩むことが可能になるのである。しかしながら二重性から生じる苦しみが、さまざまな外的・内的要因によって人間の抱え得る限度を超えるものとなったとき、この二重性を生きられることは困難になるであろう。

ここで述べたことは、人間の心の病である神経症と精神病を考える基盤ともなるものであると筆者は考えている。この点について、次章から論じていきたい。

第7章 人間の根源にある不安を支えるもの

・初出「青年期のクライエントが振り返る一〇歳のころ」(二〇〇六)

1 はじめに

青年期のクライエントたちと会っていると、一〇歳のころの彼らがいかに孤独であったかを痛感させられる。それは「絶望感」と表現されるような深い孤独であった。一〇歳のころには、空の高みから世界を見るような視点が生まれてくるということを、高石[32]は、彼らが描く風景構成法の分析によって明らかにしているが、この時期には極端ともいえる自己と世界の対象化が生じる。それは、C・ビューラー(C. Buhler)[33]が思春期の者たちの日記の記述に見いだした「自我体験」と重なるものと考えられる。このような非常に大きな体験をしているときであるので、その孤独は宇宙的な規模の絶望感をもたらすことになる。筆者の経験では、青年期に重い神経症の苦しみにいたったクライエントたちは、小学校の高学年にすでに症状という形で問題を顕在化させている場合が多いが、それは一〇歳のころに生じるこの大きな体験と決して無関係ではないと考えられる。こうした重要な事実を彼らの語りは教えているように思う。

本章では、この時期の体験の重要性を青年期のクライエントの夢から学び取るとともに、同じ時期に生じてくるその他のさまざまな事象に関しても、この体験を軸にしてとらえ直し、一〇歳のころについての理解を深めたい。なお、この夢に関して筆者は、別項(34)でフロイトの「死の欲動」論を手がかりにして検討しているが、ここでは、一〇歳のころという観点から、改めて丁寧に見直して学んでいきたい。

2 ある青年が一〇歳ころまでに繰り返し見た夢

宇宙みたいな感じ、星みたいな、ボールみたいなものが空間に並んでいる。さらにまただんだんと並んでいく。その行列が潰れる。「アッ」と思う。並べるのに失敗し、「しまった」というのと、「終わりや」という感じがする。

宇宙の創造の始まりのようなこの夢は、夢がみられてから十数年後、二十代半ばの年齢になったある青年によって心理療法の場で報告されたものである。小五まで、これと類似するさまざまなバリエーションの夢が繰り返しみられたということであったが、報告されたのは、面接を開始して三年以上経ってからであった。

宇宙を秩序正しく構成しようとしているこの夢の主体は誰なのであろう。夢主の視点は、途中までは、自然が生み出すこの構成の過程を見ている側のようであるが、「しまった」という辺りでは、まるで夢主が失敗したかのようにも受け取れる。いずれにしろ、ここには、宇宙の全体像を把握するような大きな視点があると同時に、神にも比し得る絶大な力とその決定的な失敗ゆえの絶望感が感じられるのである。筆者はこの夢を聴いて、小学生のころのクライエントの深い孤独に改めて触れた思いがした。

この夢は、「癌になる夢」がみられたことをきっかけとして、その二週間後の面接の場で、祖父が死を迎えたときの状況——それは乱暴な父の問題が介在していた状況であった——とともに思い出された。彼はこの夢について、「癌の宣告を受けたときと同じ絶望感だった」と振り返っている。「癌の宣告の夢」とは次のとおりである。

癌になる夢。医者みたいなのと話している。自分が癌だとわかるが、あと何日の命なのかは言われない。それで「言ってくれ」と言って聞くと、「あと一年ぐらいだ」と言われる。ショックだった。

この「癌の宣告の夢」について、彼は次のような連想を語った。

連想：医者みたいなのは男性。医者というよりも、学校の先生のよう。学校の運動場で話している。起きてからも夢のなかの心境が残っていた。あとどのくらいの命か聞いた方が生活も充実できると思ったが、聞いて見ると最初考えた通りにはいかない。死は恐い。最終的なものという感じ。小二のとき、祖父が死亡した。祖父に関しては何の感情もわかなかった。しかし、以来、いつかは死ぬと言う考えが頭から払えない。恐いけれど考えずにはいられなくて、その考えをパッと散らすために、瞬間的に走り回るなどして暴れた。祖父の法事のとき、家族の前でそれをやったら、兄が「ちょっとおかしいのと違うか」と言ったのを覚えている。

彼は、「癌の宣告の夢」から祖父の死を連想しているが、その体験の質は、祖父を亡くした寂しさなどの人間関係の出来事というよりも、個としての人間に必然的に生じる不可避の死そのものである。クライエントによる夢の連想からも、家族から切り離され、ただ一人で死について考えていた彼の孤独が伝わってくる。その恐怖を振り払うために、彼は走り回って「暴れた」と言う。大人たちにとっては無作法な「暴れ」ではあるが、子どもにとってこのような無作法は、自らを守るための必死の行動である場合もあるということを、彼の語りは教えている。兄が「おかしい……」と言ったことを彼が明確に記憶しているということは、当時の彼が懸命に助けを求めていたことを示すものであろう。しかし、その当時、この家族は、彼の言動からその孤独や恐怖に気づくことはできなかった。大人たちもまた、みずからの問題で手が一杯で子どものことどころではなかったのである。

この夢のなかで、癌を宣告された彼は、充実した「生活」を目指して、現実に対峙する道を選び、自らの余命を「医者」、否「学校の先生のような「男性」に問うている。この彼の問いは医療の問題を超えた「生」についての問いであったと言えよう。この問いに対する「先生」の答えは厳しいものであった。「あと一年ぐらいだ」という答えに、彼は大きな衝撃を受け、絶望感に襲われる。彼の言によれば、この「絶望感」こそ小五までに繰り返しみた「宇宙の夢」に通底するものであった。

たしかに、二つの夢の根底には、この絶望感が共通して横たわっている。しかしながら、この「癌の宣告の夢」は、そこに、「生」についての根本的な問いを問う主体的な行為が生じていること、また、問う対象としての男性が現れたという点において、「宇宙の夢」とは決定的に異なった位相にある。いわば宇宙的な次元から人間の次元のあり方へと変容したと言えよう。

3 「癌の宣告の夢」が現れるまで

この青年は、「外食ができない」という主訴で来談した。学校を卒業し、就職が決まり、入社前からそこで働くことになって仕事を始めたが、外食ができないために遠方への通勤が困難になって、正式入社を前にして就職を断念したということであった。外食ができないという事態は、家から外に出て、社会で生きていくことを困難にする状況、つまり「父」の役割の取り入れを拒否せざるをえない状況である。この状態は、小学校六年のとき、修学旅行先の旅館で、夕食の膳の物を口に入れると、突然、むかついて食べられなくなったというのが始まりであった。以後、この症状は一進一退しつつも来談まで十数年ずっと続いていたのである。学校時代は、昼食は時には家に食べに帰ったりしていたが、両親にこの症状を訴えることはなかったと言う。彼自身、自分の状態をどのようにとらえてよいか分からなかったのであろう。また、両親も勉学に身が入らないことは心配して相談にも行ったのだが、その根本の問題に気づくべくもなかったのである。

心理療法の初期、彼のみる夢は、懐かしい夢や良い感じの夢ばかりであった。恐い夢はみないとも言っていた。しかし、七ヶ月を経たころから、夢のなかで彼の飼っている兎の死のテーマが現れだした。そして、それらの夢との関連から、「小さいころ、多分小四以前に、何か家のことで悪い雰囲気の場面があった」ことが思い出された。しかし、それは「場面は出てくるが、言葉にならん。言葉で記憶している感じじゃない」ものであった。それから間もなく彼は夢をみなくなった。夢を語ることによって、思い出したくない夢まで思い出し、それが印象の悪さを引き起こすから嫌だと彼は説明したが、この印象の悪さは、吐き気という彼の症状に対応するものであったと考え得るのである。

この後、彼はいかに父の言動を嫌悪し、恐れていたかを語るようになった。彼は父のポマードの臭いに「吐き気」を催し、また、父が外で飲酒をして深夜に帰宅し、暴れて母を殺すのではないかという強い恐れを抱いていた。夜中に父が暴れたときに母を救うために、自室でほとんど眠らずに深夜に帰宅する父の言動に耳をすましていたと言う。当初、両親は、昼夜逆転した彼の状態はわがままとしてしか受け取ることができなかったが、親面接を通して、父の飲酒態度も少しずつ改善された。しかし、彼は安心しなかった。「父は今は我慢しているだけで、いつかきっとその反動が現れる」と。このような彼の父に対する恐怖心は父母にはなかなか理解できないものであった。と同時に、母もまた、父のさまざまな態度に強い不安を感じていた。そして、父の方も彼がいつかはきっと暴力を振るうに違いないと恐れていた。三人がそれぞれに不安を抱き、それがさらにお互いの不安を助長している関係が表に現れてきたのである。

このようななかで、彼は「癌の宣告の夢」をみた。兎の死のテーマが、二年半を経て、彼自身の死の恐怖の夢へと変わったのである。

4 「宇宙の夢」から症状へ、そして、その体験の歩み直しの過程

「癌の宣告の夢」をみた二週間後の面接の場で、彼は祖父が亡くなったときの家族関係の混乱した状況を具体的に思い出し、そのことから小学生の当時に繰り返しみたという上記の「宇宙の夢」を想起した。既述のように、彼はこの夢について、「癌の宣告を受けたときと同じ絶望感だった」と語っている。「癌の宣告の夢」をみることによって、「宇宙の夢」の「絶望感」が初めて言葉になったと言えよう。この「宇宙の夢」には類似の何種類かのパターンの夢があり、小学校五年まで、何度もこれらの夢をみたということであったが、外で食事ができないという症状が生じたのは、この翌年の六年生のときであった。すなわち、それまで繰り返されていた夢に取って代わって症状が生まれた。夢が症状へと変換されたのである。夢の体験が象徴化した形で収まらないままに、症状として身体に現れることになったと考えられる。この経過は、一〇歳のころの子どもたちの心の言葉に大人が耳を傾けることの重要性を示唆する注目すべき点だと思う。

さて、彼は上のきょうだいと年齢が離れており、大人ばかりの家族の中に自分一人が子どもであると感じてきた。自分の言葉が一人前の人間のものとして聴かれることはなかったとの思いを彼はずっともってきたのである。夜もなかなか寝つかれなかったが、親たちは早く寝てしまい、彼は一人暗闇

で目を開けていたと言う。この暗闇は、宇宙の漆黒を思わす。それは、彼の「宇宙の夢」の孤独と重なろう。「宇宙の夢」においては、その視点が宇宙を見渡すものであるがゆえの、宇宙的規模の深い孤独がある。そこにあった決定的な絶望感が、父との関係に収斂されていくなかで、「癌の宣告の夢」が生み出された。

恐怖と不安に充ちた父との関係の修復の過程は長くかつ困難な道程を要したが、それは、確実に、彼がこの大地に着地する道を開くものとなっていった。彼は、この過程で、自ら自身を育み直し、高度な技術を身につけ、家から自立するとともに、父と同じ趣味を楽しむようにもなった。

5 一〇歳のころ――「自我体験」と「チャムシップ」

この時期の彼に関する両親の言葉によれば、彼は他のきょうだいよりも頭が良くて、父は彼に対して大きな期待をもっていたとのことであった。その期待ゆえであろう、父は、彼が学力の低い友人と遊ぶことをしばしば怒った。友人をまったく否定するような父の酷い言葉に、彼は非常に傷ついてきたと言う。こうしたことも作用してか、遊び仲間の友人たちとの関係も疎遠になっていった。

思春期の者たちにとって、同性の友人関係が重要な役割を果たすことを、H・S・サリバン（H.S.

Sullivan)[35]は「チャムシップ」という概念によって示している。ここまでに述べてきたような「自我体験」というまさに「個」の極みの体験をしているこの時期であるからこそ、同様の体験をしている友人との関係が重要になってくるのだと言えよう。友人関係はその孤独の共有を可能にする。その友人関係さえ失うことになった場合、彼らの孤独は、絶望感をすらもたらす場合が生じてくる。それはこの時期の体験の大きさゆえであろう。

しかしながら、千秋佳世[36]の研究によれば、このような体験は、ほとんどの場合、他者に語られることはないようである。それは、この「自我体験」があまりにも日常性からかけ離れたもの、人に話してもとても理解されないようなもの、ときには異常とすら受け取られかねない内容をもつからであろう。早い時期から「自我体験」の研究をしてきた西村州衛男[37]も、みずからの体験を振り返って、それは老年期になって語られるようなものではなかろうかと述べている。決して少なくない者たちがこのような体験を持ちつつも、それは心の深奥に仕舞われ、忘れ去られているようだ。他方、千秋[38]は、それにもかかわらず、彼らはそれを他者に語る機会が与えられたとき、その語りの体験を「とても懐かしいもの」と肯定的に報告したとの重要な示唆をしている。心の深奥に他者とともに触れ、そこに新たな風が入れられることになったのであろうか。田畑洋子[39]も、高校生の事例において、心理療法の深まった段階で、小二という極めて早い時期に生じた自我体験が語られるにいたったことを報告している。

これらの報告に基づくならば、通常は、友人間でもこれらの体験を自発的に言葉として共有することはなく、それゆえ、とりわけ、言葉で語ることが難しい思春期においては、これらの体験を不問にするような行動や遊びをともにするチャム関係という繋がりが意義をもってくると考えられるのである。さらに言うなら、あまりにもその体験が大きすぎ、しかも、そこに支える基盤がないとき、それはチャム関係すらも破壊する。筆者[40]がすでに指摘しているように、近年に生じた仲の良い同性友人間での悲しい事件はそのことを示すものであろう。

6　一〇歳のころの体験を支える「想像の仲間」

一〇歳のころの体験を支えるものについて、この時期に現れるもうひとつの現象を取り上げて検討を続けよう。それは「想像の仲間」「空想のお友だち」等と呼ばれているものである。その発現時期について、山下景子[41]は、年齢的には二つのピーク期があり、第一は幼年期、第二は思春期の始まりの時期、しかも「九歳半〜一〇歳のころ」に多いというH・ナゲラの報告に賛同している。本章で取り上げてきた体験との発生時期のこの一致は、驚くべきことである。

人間が人間になっていく過程、つまり自己を対象化していく過程は、なだらかな経過を経るのではなく、高石の研究が示しているように、一〇歳のころのこの時期に飛躍的な対象化が生じる。このような体験は、その過程で徐々にこなれていくのであるが、その間に、彼らを支えるものの一つとして現れる現象が、この「想像の仲間」であろうと筆者は考えている。山口智[42]は、青年期にいたっても「想像の仲間」を持ち続けている者たちがいることを明らかにし、バウムテストの結果から彼らの自己のあり方には特有の傾向がみられるとの示唆深い発見をしている。その自己を支える存在として「想像の仲間」が機能していると考えられるのである。先に、「チャムシップ」の重要性に言及したが、この「想像の仲間」は、現実に「チャム」が得られなかった場合、「チャム」に代わるさまざまな存在を自ら造り出している現象ととらえることができよう。人間の想像力の逞しさを教えてくれるものである。

最後に、このような「想像の仲間」が、九歳に統合失調症を発病した少女を支えてきたという武野俊弥[43]の報告を紹介しておこう。この少女は発病したころから大人たちの迫害的な幻声に悩まされてきたが、「想像の仲間」である男児に支えられながら、何とか厳しい現実を生きてきていた。ところが十二歳になったある日、彼が面接場面に現れて彼女を非難するという危機的状況が生じた。打ちのめされた彼女であったが、武野の励ましで彼との対話を根気よく続け、彼との間に「あなた―私」関係が確立するにいたり、彼の助けで幻声への適切な態度も身につけていった。だが、その数年後、彼は突然もう彼女の前には現れないと言いだした。泣いて取り乱す彼女を武野は激励して理由を尋ねさせたところ、彼は次のように答えた。「……僕は最近気がついたんだ、いつの間にか僕の存在が君の成長のさまたげになっていることにね。君も現実のなかに友だちをもたないといけない。でも僕がいるからそれに満足して友だちを求めて外に出ようとしない。……僕は君のために姿を消さなきゃいけないと思うんだ」と。彼の言葉に心を揺り動かされた彼女は、彼との関係を維持するために、それまでの自閉的な態度を実際に改めていったと武野は報告している。「想像の仲間」による守りにこのような展開が生じたのは、武野が少女の言葉に丁寧に耳を傾け続けたからであろう。

7 おわりに

さまざまな現象を取り上げて、一〇歳のころについて述べてきた。この時期、子どもたちは本当に大きな体験をしているのだとつくづく思う。この体験がこなれていくための守りや力が人間には備えられているのであるが、その最後の重要な守りが「症状」と呼ばれるものであろう。この時期の子どもたちの心の言葉をしっかりと聴き取りたいものである。

第8章 無意識的罪悪感

・初出「重症強迫神経症の心理臨床」（一九九八）

1 はじめに

強迫神経症のその特異な「症状」のメカニズムを明らかにし、強迫神経症を回復しうるひとつの「心の病」としてとらえることを可能にしたのはフロイトである。彼の卓越した発見によって、強迫神経症に対する心理療法の道が開かれたといってよかろう。

しかし、このフロイトの発見にもかかわらず、今日もなお強迫神経症の心理療法は非常に困難であると考えられている。このことは「症状」のメカニズムが明らかになったとしても、それは心理療法そのものには直結しないことを示している。これが心理療法と身体的治療の大きな相違点であって、心理臨床の領域とは、身体医学的アプローチにおいてなされているような、原因の発見とその除去という医療者による一方的な治療の不可能な領域であるのである。とりわけ重症強迫神経症においては、非常に操作的になっている彼らのあり方に真の主体性の回復をもたらすことが心理療法でなされることであり、そのためには彼らとセラピストの共同作業が何よりも重要になる。

本章では、以上のような視点からフロイト理論を見直しつつ、重症強迫神経症の心理療法について考えていく。

2 フロイト理論と強迫神経症のメカニズム

フロイトはヒステリーの分析治療によって自由連想法という技法にいたったが、彼が精神分析理論をより精巧なものとして練り上げたのは「ねずみ男」や「狼男」等と呼ばれるようになった強迫神経症あるいは強迫的心性をもったクライエントの分析治療においてであった。フロイトが彼らの言葉にどれほど真剣に耳を傾け、彼らの言葉のひと言ひと言をどれほど貴重なものとして受け取ったかは、彼が残した事例報告の端々に読みとることができる。(44) とくに「狼男」は、多くの医師の診察を受けたがすべて結果は思わしくなく、当時すでに世界的にも著名な医師であったクレペリンにもなす術がないといわれて、最後にフロイトを訪れたときの、出会いのその強い印象を後に記しているが、そこには当時の他の医師とフロイトにおけるクライエントに対する態度の違いが如実に示されている。(21)

フロイトは、常識では理解しがたい強迫神経症の症状を前にして、クライエントの内的世界と外的現実のあり様の真実をクライエントとともに明らかにするべく、ひたすら彼らの言葉に耳を傾けた。そこには、精神分析理論の構築をめざすフロイトの強い関心もあったのであり、いわば彼らはフロイトの同労者とさえいえるのであって、そのような心理治療関係に問題がなかったわけではない（第1章参照）。しかしこのようなフロイトのセラピストとしての根本的なあり方が、強迫神経症の心理療法を進めた大きな要因となったことは否めない。われわれがこの点を見逃して、理論にのみ目を向け、既成の理論にクライエントを当てはめて心理療法をしようとしたならば、結果はまったく違ったものになるであろう。これが今日の強迫神経症の心理療法にフロイト理論が十分に生かされない理由の一つであろう。フロイトが見つけだした強迫神経症のメカニズムは、それが現れ出てきた過程つまり心理治療関係と切り離すことはできないのである。

さて、フロイト理論には経済論的観点・力動論的観点・局所論的観点の三つの観点があるが、これらの観点のそれぞれにおいて、強迫神経症のメカニズムに大きく作用しているものとして、筆者は次の諸点を取り上げたい。経済論的観点における本来の葛藤とは関係のない表象への情動の置き換え、力動論的観点における愛と憎の欲動の両価性、局所論的観点における超自我による無意識的罪悪感である。これらの三点についての十分な検討が、重症強迫神経症の心理療法を行う助けになると筆者は考えている。以下この三点についてそれぞれ詳述していく。

3 情動の置き換えによる防衛機制としての強迫症状

フロイトが呈示した強迫神経症のメカニズムの中核は、強迫症状を防衛のための情動の置き換えとしてとらえた点である。つまり、強迫症状とは、自我が受け入れがたい表象を退けるために、その表象から情動を分離することによって、そこに付いていた情動が解放されて他の受け入れやすい表象に付着することになったものであると考えられたのである(45)。人間の心に生じるこの守りの現象の解明は、まさに驚異的な発見である。

強迫症状を防衛と見るこのフロイトの考え方は、今日かなり広く受け入れられているが、しかしながら、この発見の驚異が真に認識されているとは思えない。むしろあまりも安易に受け入れられて、セラピストの態度が強迫神経症の心性から逆にかけ離れ、心理療法を進めなくしていることすらあるように思う。また、何が防衛されているのかという点についてもフロイトの性理論等を十分に整理しないままに一般化して受け取られ、むしろマイナスに作用していることもあるのではなかろうか。たとえば、頑固な防衛に対して強引な介入を行い、クライエントとの関係を障害したり、逆にセラピスト側にその防衛の対象の危険性を想定させ、症状の軽減に対するセラピストの積極的な関与を避けさせてしまう場合等があるように思う。

心理治療関係が成立していない段階で、彼らが受け入れがたく思っている内容に慎重さを欠いたかたちでふれるならば、彼らはそれに対してさらに強い防衛を打ち立てざるをえないことになる。これが強迫症状を助長する可能性すらある。あるクライエントは、小学生のときに親に連れて行かれた相談機関で、性的な内容の習癖があるだろうが、清潔に行えばよいと助言された。クライエントはこの指摘に非常な嫌悪感を覚え、自分はそのようなことをしていないと否定した。しかし、この助言が契機となって、黴菌恐怖と洗浄強迫が生じ、さらに他のものへも広がっていったということであった。他方、彼らは、心理治療関係が成立すれば性的な欲求に関する葛藤についてもみずから語りだすにいたることが多いのである。また、他のクライエントは、受験を控えて、過去の気になることを学校の教師に相談したところ、それをすべて日記に書けばすっきりするだろうと助言され、そのとおりに実行したが、気になることはなくなるどころかますます増え続け、勉強がまったく手につかなくなってしまった。

上記のようなことが起こるのは、強迫症状の悪循環のなかに飲み込まれている彼らにとっては、そこから抜け出すためには、他者の言葉を藁をもつかむ思いで求めているからである。そこで彼らに発せられる言葉は非常に大きな力をもつものとなる。したがって、軽率な助言は彼らを苦しめることにすらなるのであって、セラピストはまず彼らの言葉を聴くことから始めなければならない。

フロイトは、先の章で述べたように、置き換えという防衛機制において、ヒステリーとは異なる強迫神経症の特徴を見いだしている。すなわち、ヒステリーの場合には一般に発病の直接原因は幼児期体験と同様に忘却されてしまうのに対して、強迫神経症では、幼児期に与えられた神経症の諸条件は忘却されているが、発病の直接原因の方は依然として記憶されているのであって、ただしそこから情動エネルギーは撤収されているのでそれは無意味な観念内容としてのみ残っているというのである(44)。(第4章参照)

筆者はここに強迫神経症者の心理療法の重要な手がかりを見いだしうると考えている。それは強迫神経症者の意識は、ヒステリーとは異なり自分の症状の背後にあるものの存在を確実に知っていると いう点である。それゆえにこそこれほどまでに強固に防衛しているにもかかわらず、不安が彼らを圧倒しているのであろう。彼らは、症状の背後にあるものの不確かさに不安を喚起されるのではあるが、意味が明確になることを、死刑の判決が下りることのように恐怖し、その日の来るのを少しでも先のばしにして不確実性のなかにとどまり続ける。これが彼らの防衛を強くさせる要因となっている。

しかし、同時にこの不安が彼らを心理療法の場に導くのである。彼らはセラピストによって不安を軽減されることを求めてやってくる。そして心理療法は、この不安を取り除くための確認の作業から始まるとさえいえる。この確認の作業は、非常に慎重にセラピストの反応をうかがいながら、すでに最初の面接において、しかもその面接の最後に始められることが多い。その慎重さの理由は軽症の場合と重症の場合では異なるようである。

軽症の場合は、確認している内容とその行為の不合理性は十分認識しているため、自分が異常ではないか、そしてそのことを話すとセラピストにも異常だと思われないかという不安をもっている。彼らはセラピストに自分の症状を正しく伝えないとセラピストの判断を誤らせるのではないかという不安があるので、できるだけ正確に話そうとするにもかかわらず、その内容の不合理性ゆえに、話すことに対する強い葛藤を抱え、「恥ずかしい」と逡巡を繰り返したあげくに確認の作業を始める。したがって、医師による診察のような場では、この確認の言葉を口にすることは避けられることが多いようである。

それに対して、重症例は、面接開始当初は、強迫観念の不合理性の認識と自我異質性という強迫神経症の特徴とされる二点にかけている場合も多く、不合理な内容を話すことに対する不安はそれほど強くない。むしろ彼らは確認の作業を押しとどめておくことは不可能に近いにもかかわらず、セラピストに確認を求めた場合にその回答が自分の期待するものではないかもしれないという不安が大きくある。それは自分の期待と異なる言葉が返ってきたとき、彼らの不安は前にもまして増大するために彼らに強い怒りが生じ、その怒りの処理の困難さが、彼らにさらなる苦しみを与えるからである。すなわち、重症例においては、他者の言葉や行為が非常に侵襲的に作用するので、そこに生じるみずからの怒りに対する予期不安がセラピストに話すことについて強い葛藤を彼らに与えている。たとえば、次々と不安なことを語り続けるクライエントに対して、セラピストが、その不安に共感する言葉を発したならば、その言葉は逆に彼の不安を助長するものとなって、それが彼に怒りを生じさせることとすらあるのである。

以上述べてきたように、重症強迫神経症のクライエントは、みずからの症状を語ることに強い不安をもって心理治療の場を訪れるのであるが、彼らは自分のおかれた状況や症状を事細かに語らずにいられない。ここで語られる症状は、一見まったく表層的なもののように見えるが、しかし彼らの問題の本質と深く結びついている。また、彼らの言葉には他者を強く操作するものを含んでいるが、それは、セラピストが不用意な言葉を発して、自分のなかに怒りを生じさせないように、セラピストを自分の理想的なセラピストに仕立て上げるための懸命の試みであるといえる。セラピストにそれらが語られることの重みの認識に欠けたならば、心理治療関係が成立することは困難となる。それが語られることは彼らにとっても、セラピストにとっても、今後の面接のために非常に重要な過程なのである。彼らがみずからの症状を語り、そこに生じる不安の軽減を求めて、セラピストに確認の作業を始めたならば、まずは心理治療関係成立の出発点に立ったと考えてよかろう。

この初期段階で最も重要なことは心理療法の枠組みをどうするかということである。重症例は長期間を要すると考えておかなければならないが、その間彼らの操作的な態度にセラピストが揺り動かされないために、枠は明確にしかし慎重に決定されなければならない。さらに重症例の難しさは、週に一回一時間の面接におさまりきらない状態にあるという点である。来所途中ですら多くの不安材料が起こり、来所するや否や、その確認から始まり、自分の不安をすべて語り尽くさないと帰れず、またその帰途に生じた不安を、帰宅後電話等で確認の作業を繰り返そうとすることもある。そのうえに日々次々と不安材料が起こってくるのである。セラピスト以外の人に不安の軽減を求めて、気になることを話し、いっそう不安が助長され、それをきっかけとして行動化を起こすことも少なくない。したがって、重症例においては通常より多くの面接回数を設定しておくことも必要になるが、しかし、ここでセラピストは、彼らが自分の不安をみずからのうちにかかえることができるようになるための適切な面接回数を彼らとともに決定するということが重要である。なぜなら、セラピストに語ることによって不安が軽減されると感じると、彼らは不安が大きくならないうちに、先に不安の芽を摘んでおこうとして、すべてのことをセラピストに語ろうとするようになるからである。それは彼らの不安を真に軽減することにはならない。したがって、面接回数の決定のための話しあいそのものが、彼らのあり方の根幹にかかわる重要な心理療法の主題のひとつとなる。

先のことは、心理療法に対して料金が支払われることの意義ともかかわる問題である（第5章参照）。

彼らは自分が心理療法を受けねばならない「病人」とみなされることを、それゆえセラピストとの関係が「心理治療関係」であることを、料金を支払うことで成立している関係であることを本当のところでは受け入れがたい。彼らは、「理想的な良き人間関係」をそこに求めているので、心理療法の枠の存在をあらゆる方法で壊そうとする。彼らがその「病」を「病」として受け入れるにいたる過程こそ心理療法の過程であるといえよう。それはまさしく人間の本質としての欠如をめぐる問題である。

さらに、これら重症例は、発症も早く、成田善弘のいう「巻き込み型」が多く[46]、この確認を家族や学校の教師など身近なものに長期にわたって求め続け、その結果、まわりの者が疲れ果ててしまい、彼らとの関係が非常に悪くなってしまっている場合が少なくない。たとえば、「下校時には必ず学校中を見て回り自分が落し物をしていないか教師とともに確認しないと帰宅できなかった」「毎日夜中に長時間お風呂に入って体を洗い、その際必ず家族にどこを何回洗ったか横でみていて確認させた」等々、とても毎日はできそうにもないことを、ある時期までは身近な人が彼らのためにやってきたのであるが、そのような関係は長続きしないために、それは必ずしも良い結果につながっていない。さまざまな治療や対応を受けたにもかかわらず、彼らの強固な症状に長期にわたって対峙する安定した関係が形成できず、彼らは過去に出会った多くのセラピストやまわりの者に、見捨てられ傷つけられたとの思いや怒りをもっている。それゆえ、彼らには、新しいセラピストも自分の対応に疲れ果てて、今までの人と同様に自分を見捨てるのではないかという大きな不安がある。

この不安が、一方で彼らのセラピストへのしがみつきを助長しているのであるが、同時にここに、心理療法の枠の設定の必要性を彼らに認識させる糸口がある。すなわち、セラピストが彼らの揺さぶりに安易に動かされずに、このことについての十分な話し合いをするならば、セラピストが自分の可能な範囲を超える面接は行わないということが、心理療法を最後までやり遂げる要因となることに、彼らはその過去の苦い体験を生かして気づくにいたる力をもっている。

上に述べた怒りこそ、その防衛の背後にあるものとして取り上げなければならない欲動の両価性とかかわる問題である。これについては次節で述べていく。

4 欲動の両価性

筆者の経験では、重症例においては、その防衛の最も表層部分に恐怖症をともなう場合が多いように思う。強迫神経症の治療に力を注いできたサルズマン（L. Salzman）[47]も、「強迫的な力動態勢が完全に機能しないような状況下では、恐怖症が、その絶対的回避力でもって、状況の発展を許さず、それによって強迫態勢の露呈を防ぐ」と強迫的な防衛がその目的を十分に果たしていないときに恐怖症が生じることを示している。重症例ではこの恐怖の対象は非常に侵襲的であるがゆえに、彼らに強い怒りをもたらす怒りの対象ともなる。そしてこれら重症例では前節で述べたような確認の作業は、この恐怖症をめぐってまず行われるが、心理治療関係が成立し右記の過程を経るならば、この表層部分の恐怖症は比較的早く軽減するようである。しかしながら、ここからが非常に長い過程を必要とする。

この過程で、彼らの恐怖でありかつ怒りの対象は、黴菌、病原菌など不合理な「もの」から、家族などの身のまわりの「人々」に向けかえられ、そして、多くの場合「親」へといたるが、まさしくこの親に怒りを向けることこそ彼らが強固に防衛していたものであったと考えられる。それは彼らの防衛に代わりうるようなセラピストの安定した守りがあって初めて現れ出てくるのである。

あるクライエントは、心理療法の初期、自分がこのような状態になったのは、幼いころの友人のいじめがきっかけであることを強調するとともに、親の育て方が悪かったからではないことの確認を何度もセラピストに求めた。また、自分の苦しみを分かってくれない親に対する強い不満を訴えつつも、自分は親を嫌っていないことを強調していた。ここには、親に対する強い怒りを、懸命に他のものに向けかえようとしていることが明らかに見てとれよう。

その背後には、対象に対する愛と憎の非常に強い両価的な感情がある。親に対して愛を向け続けるためには、憎しみをそこから分離して別のものに向けかえなければならない。なぜなら、彼らはあまりにも他者の守りを必要としているがために、彼らにとってはその対象は完全に良き存在でなければならず、少しでもそこに汚れが見られたならば、彼らの怒りが噴出し、対象はその怒りによって破壊されかねないからである。しかし、彼らは、どこかで確実に親を良き者にしておくこの試みが破綻しかかっていることに気づいている。

したがって、すでに述べたように、面接開始とともに、彼らはまずセラピストを「神」にも匹敵するような理想的な存在に仕立てあげようとする。そのセラピストに、彼らを不安にさせていること(強迫観念)を語り、安心が与えられることを求めるのである。「心が言ってくることを聞かなくても悪いことは起こらないか」「鞄に黴菌をつけられた。鞄を捨てなくてもよいか」等と、彼らは訴え、安心感を得るための確認を始める。これらの訴えは不合理であり、問題の本質にふれることを回避したもののように見えるが、その不安の意味するところは、その言葉のなかにはっきりと現れでている。すなわち、彼らは自己の誤謬、自己の汚れ、そしてそれが他者に与える害悪、すなわち自己の罪とそれがもたらす罰を恐れている。それゆえ彼らは、セラピストが「神」のような許しや清めを与える存在であることを切に願うのである。したがって確認の作業は、彼らの罪の許しの要請を意味するといって良く、これによって、彼らの不合理な恐怖症的症状は軽減していく。

この状態にいたった彼らは、まるで赤裸でこの世に置かれたように、完全な守りを親に求めるにいたるが、親の言葉や行為はしばしば彼らを傷つけるものとなり、それを与えてくれない親に怒りを向けると同時に、それに対して親の怒りが返ってくることを極度に恐れる。この恐れによって自殺企図がなされる場合も少なくないが、そこには自分の苦しみを親にわかってもらいたいという強い思いがある。

もちろんこの怒りはセラピストにも向けられてくる。面接時間を延ばしてくれないセラピスト、面接以外の場では会ってくれないセラピストに怒りが向けられる。このとき彼らが最も恐れているのはセラピストの怒りであり、セラピストに見捨てられることである。セラピストは彼らの怒りに傷つかず、怒りをもって返さず、しかし彼らの求めているものを現実的次元で満たすのではなく、彼ら自身の言葉において自己との対話を可能とする道を模索することこそ重要となる。この過程を経て彼らは、セラピストが神ではなく、人間であることに気づいていく。さらには彼らが幼いときには必要であったけれども今や必要でない完全な守りを求めていることに気づいていく。そして、親もまた欠点を持ったひとりの人間であることを受け入れようとする。しかしながら、このことは知的には理解されても、彼らの心はそれを受け入れがたく、親との葛藤は続く。ここには、彼らの無意識的罪悪感が強く作用していると考えられる。

さらに次節で無意識的罪悪感について考察を続けていこう。

5 無意識的罪悪感

フロイトは重症の神経症には罪悪感が大きく関与していることを明らかにしている。彼はある神経症が重症であることを決定する基準は、超自我の厳格な態度にあると考えており、しかもこの超自我は、一般に考えられているのとはまったく逆に、人間が外部に向かう攻撃を抑制すればするほど、その超自我はますます厳格になり、自我に対する攻撃は昂進するという(48)(49)。

このことが、前節で述べたように、重症の強迫神経症の心理療法において、その症状の意味が彼らに明らかになってきた時点においてもなお、親との葛藤を招き、日常生活が制限される状態からなかなか脱しえないことと大きくかかわっていると考えられる。すなわち、彼らがみずからの怒りを抑えようとすればするほど、彼らはみずからに対する責めを強くし、そこから生じた苦しみが、再び外部に対する攻撃を生むのである。

この点の検討を続けるために、今一度彼らが最初に確認した内容を取り上げよう。彼らの恐怖症が汚れや罪にかかわるものであることはすでに述べたが、「心の言ってくることを聞かなくても悪いことは起こらないか」との確認において不安を喚起している悪いこととは、彼にとっての重要な他者、たとえば親や好きな異性、さらにはセラピストの死である。ここでは他者を傷つける自己の罪が心理療法の当初から意識されているといえる。他方、「鞄に黴菌をつけられた。鞄を捨てなくてよいか」との確認は、その鞄を持って人を訪ねたらその人に黴菌が移るのではないかとの不安もともなわれているが、むしろそれよりも自分が黴菌をつけられたとの思いが強くある。重症例においては、後者のように自己が他者によって傷つけられているとの思いが、前面に強くでている場合が多いのではないかと筆者は考えている。しかしながら、心理療法が進むと強固な罪悪感がその背後にあることが明らかになってくる。

フロイトは、超自我が異常な厳格さで、自我に向かって残忍な叱り方をする代表的な二つの病気として、メランコリーと強迫神経症をあげ、両者の超自我の態度に大きな違いがあることに注目している。すなわち、メランコリーにおいては、自我は超自我の厳格さに、どんな抗議もせず、その罪を告白し、罪に従う。それに対して「強迫神経症（そのある形式）では、罪悪感ははっきりしているにもかかわらず、自我によって是認されることがない(49)」と述べているが、重症例ではこの傾向が強いのではないかと考えられる。彼らは、全エネルギーを使って、罪悪感から自我を守っている。

以上述べたところから、重症例の心理療法では、二つの過程を経なければならないといえるだろう。第一は、みずからの怒りの真の矛先を認識する過程であり、第二の過程は、その怒りを真に受け入れる過程である。第一の過程において、彼らは、その怒りが親に向いていることに気がつき、親に対する恐怖心が強くなるが、親の怒りと親自身の問題が分離され、親のさまざまな欠点をそのまま見ることができるようになることによって、この恐怖心は軽減する。そして、その怒りの矛先をなんとかおさめようとするのであるが、しかし、それを抑えようとすればするほど彼らの無意識的罪悪感は、今まで以上に激しく彼らの怒りを責め立て、それが彼らの不安を増大させる。これが第二の過程である。彼らにとってはさらに苦しく感じられる過程であり、抑うつ的な傾向も生じてくる。この過程で彼らは、親にとらわれているみずからのあり方、自己の汚れに対するこだわり、自己に対する信頼感の欠如に改めて気がつく。彼らの罪悪感の根源はこのいわば原初的な次元における不安から生じた怒りであるように思われる。フロイトはそこに性的な願望に対する葛藤をみたのである。しばしばそれは、性的な願望が充たされないことが強迫神経症の原因とフロイトがみなしたかのように受け取られているが、しかしここで重要なのは、その葛藤から生じる罪悪感である。確かに、強迫神経症のクライエントの多くが性的な願望に対する葛藤から生じる強い罪悪感について語るが、これこそ人間存在の本質とかかわる重要な主題であるといえよう。この点について、超自我の形成をフロイトが言うよりももっと早期段階に位置づけ、罪悪感の源を、この早期段階における両親に向けられた破壊的衝動に見いだしたクラインの理論(50)は示唆深い。

したがって、心理療法の重要な力点は症状の意味やその背後にあるものを明らかにすること以上に、それらを彼らがどのように受け入れていくかという点にあるといえるのである。その過程で、セラピストは「神」の位置に立たされ、その守りのなかで彼らはこの作業を始めることはすでに詳述したとおりである。これに対してフロイトは、「患者がその自我理想の位置に分析者を置くことを、分析者の人柄が許すかということによってその治療結果は左右される。……分析の規則は、医者の人格がこのように利用されることにはっきり反対しているから、ここで分析の効果に新たな制限が与えられることを正直に認めなければならない[49]」と述べている。ここに本章の最初で述べた、フロイトの発見にもかかわらず、彼の理論に忠実であるならば、心理療法の困難さが残されるもうひとつの理由が横たわっているといえよう。彼は、「分析の効果は病的反応を不可能にすることよりも、むしろ自我に決定の自由を与えることに置かれるべきである[49]」という。しかしながら筆者は、その「病的反応」こそ「自我」の鎧であって、鎧が脱がれることによって初めて主体は自由な決定をなしうるようになると考えている。そしてフロイト自身はといえば、その理論から自由になって心理療法を行っていたように筆者には思われる。

6　おわりに

重症強迫神経症は、比較的発症が早く、長期の経過をたどって重症化している場合が多いが、発症以前においても強迫的な傾向は有しており、それが彼らの本来もっている知的な能力と相俟って、発症まである程度の成果を発揮してきている。これがクレペリンの古典例からサルズマンなど今日にいたるまでの事例の共通するところであるといってよかろう[47][51]。

筆者は、一方の極にわれわれの社会の発展を支えてきた、言い換えるならば、社会が望ましいものとしてきた強迫的な性格があり、他方の極に、まったく社会生活を営むことができなくなった重症の強迫神経症が位置づけられると考えている。それゆえ強迫神経症は、われわれ人間社会がもつ宿命であるとさえいえるように思う。しかしながら、重症強迫神経症の強迫行為のあまりの特異さはそのことを看過させてしまうようである。その強固な強迫症状の前に、セラピストですらなす術がないという思いをもたされるのであろう。とくに今日の重症例においては、家族に対して確認の要求を果てしなく続ける等の強迫行為によって、本人の意思に反して入院にいたっている場合もある。また、家庭内暴力や自殺未遂などの行動化を示している者のなかに強迫神経症の重症例が見られることも少なくない。それゆえに重症強迫神経症の心理療法においては、上述したような心理療法の枠に対する慎重な配慮を欠くことができないのである。

また重症強迫神経症では、強迫神経症の特徴とされるその症状の不合理性についての認識の欠如がみられるために、統合失調症への移行について慎重に経過を見ることが必要であるといわれることがある。強迫神経症が統合失調症に移行するか否かについて、クレペリンははっきりとそれを否定しており、また、サルズマンも強迫神経症から統合失調症への、直接的連続はないと述べている。これに対してサリヴァンは、統合失調症に進む強迫神経症と進まないものの間にとくに相違はないという。[52]
筆者は、明確な強迫症状を呈している場合の方が、統合失調症への移行はないといえるのではないかと考えている。重症強迫神経症においては、心理療法の進行とともに、この症状の不合理性の認識の欠如は消失していくのであり、むしろ統合失調症への移行を過度に恐れ、心理療法の好機を逸することにならないようにしたいと思う。

第9章 境界例と心的外傷

・初出「境界例と心的外傷」（二〇〇〇）

1 はじめに

本章で取り上げる「境界例」と「心的外傷」という二つの概念は、どちらも提出されて以来長い間揺れ動いてきた概念である。境界例については、それが独立した一つの疾患単位と認めうるものか、疾患単位としてのその独自性が問われ続けてきたのであり、また心的外傷という概念については、心的外傷という事象を、外的現実の作用と考えるか、心的現実から生じてきたものと考えるか、激しい論議がなされてきた。このように両概念はともに発展の過程で、その内実をめぐって対立する観点を生み出してきたのであった。

これらの論議をもたらしたものとして、二つの概念に共通する要因がそこにある。それは、原因論をめぐる問題である。これらの概念はその軸足を原因論に根ざして生まれてきたといえるであろう。両概念は近代医学の原因の発見とその除去という方法論の中から生まれたのであるが、この方法論がその限界と出会うことになったのもまたこの二つの概念においてであった。なぜなら両概念においては境界領域が、すなわち、心的外傷においては外的現実と心的現実の、そして境界例では、神経症と精神病あるいは統合失調症の、それゆえ心因性と内因性という古典的な精神障害の大別のまさしく境界領域が問題となっていたからである。本章では、この両概念を取り上げて、両概念の変遷の過程――興味深いことにそれは両者の出会いの過程でもある――を再検討し、そのうえで「境界例」と「心的外傷」の関連性をどのようにとらえるか論じていきたい。

2 境界例について

「境界例」という言葉は、R・ドライ（R. Drye）[53]によれば、一八八〇年頃から見られているが、当時は、精神病ではないが、能力に大きな障害のある者たちを意味していた。その後一九一〇年代になって、神経症と精神病とくに統合失調症との間の診断が困難な者に対して使われるようになった。

この時代は精神病の同定と疾患分類に精力が注がれていた時代であった。そうしたなかでクレペリン[51]は精神病者の長期間にわたる経過の詳細な観察から、「精神的な人格の内部の関連が独特の破壊」を受けるにいたる者たちを「早発性痴呆」という疾患名のもとにまとめる作業を行った。これに対してフロイトの影響も受けていたE・ブロイラー（E. Bleuler）[54]は、彼らの精神内界に焦点をあてて、「早発性痴呆」を含むより広い一群の者を「精神分裂病群」と名づけることを提起した。この命名はこれらの精神的な諸現象を一つの疾患単位とすることはできないという彼の主張を表すものであった。この後の精神医学の歴史は、クレペリンの「早発性痴呆」という診断名を捨て、ブロイラーの「精神分裂病群」という命名をとったのであるが、そのとき「群」は省かれて、「精神分裂病」という名称が後の時代に受け継がれていった。それは時代が明確な疾患分類を求めていたことの反映であろう。なお、近年は、この名称についても、その過度な仰々しさが実態にそぐわないことから「統合失調症」という用語を用いるようになっている。

「境界例」という用語は、このように精神医学における疾患分類に精力が注がれた過程で、神経症にも統合失調症にも入れられないさまざまな病態が生じ、それらに対して用いられるようになっていったのである。こうした意味での「境界」という表現が精神分析の文献に最初に出てきたのは、L・P・クラーク[55]においてのようである。彼は、「ボーダーランド（borderland）」という表現をしているが、

「ボーダーランド」とは国境や周辺部を意味する。このように神経症のようでもあり、統合失調症のようでもある者たちを、「境界例」と呼ぶようになっていった。すなわち、「境界例」は一つの疾患単位として認められてはこなかったのである。当時の状況について西園[56]は、「心因性の障害と内因性の障害が混在することをどう理解するかは疾患分類上重大な課題であった」と述べている。

それから半世紀以上経た今日、アメリカ精神分析学会の診断基準であるＤＳＭ―Ⅲ（一九八〇）、さらにＤＳＭ―Ⅳ（一九九四）では、この「境界例」は「境界性人格障害」と命名され、一つの疾患単位としての位置づけを与えられるにいたった。また、国際診断基準ＩＣＤ―10（一九九二）においても「情緒不安定性人格障害の境界型」と表現されている。

このような動きをどうとらえるべきか。「境界例」という神経症と精神病の特徴を併せ持つ病態を「境界性人格障害」という名のもとに一つの疾患単位と認定するにいたったことについて、その肯定的な意義と同時に否定面についても明確にしておくことが必要であろう。

3　「境界性人格障害」という疾患単位について

まず肯定面から述べていこう。その肯定面は、「境界例」が「境界性人格障害」という疾患単位に位置づけられるにいたった経過の中にみることができる。境界例概念の変遷については日本においても一九八〇年代に、笠原・原[57]・牛島[58]・西園[56]・成田[59]ら多くの精神科医によって検討され、また、一九九〇年に入って林[60]がさらに詳しく治療的な観点から文献の整理を行っているが、それらは、症状の記述や疾患分類に力が入れられていたかつての時代と異なり、力点が治療に大きく移行していったことを示している。この過程で、一方に統合失調症の薬物治療における大きな進歩があった。すなわち、統合失調症に対しては薬物治療が目覚しい効果を発揮するようになったのだが、それにもかかわらず、薬物を用いても効果のない者たちがあったのである。他方、神経症の治療においては、フロイトによって発見された精神分析がアメリカに導入されて、そこで広く受け入れられていった過程がある。この精神分析の導入によって単なる症状記述の静的な理解とは大きく異なって、力動的な内的世界の理解に基づく心理療法が可能になっていったのであるが、しかし、ここで神経症として治療を行っていた者に、精神病の兆候が発現したり、セラピストに対する合一の強要とそれがなされない場合には激しい攻撃が生起するという非常に困難な事態が生じた。そのため精神分析の適用範囲が厳密に神経症に限定されて、その治療対象から彼らは除外されていったのである。しかし彼らは薬物治療では本質的な効果はもたらされず、しかも心理治療関係は樹立できる者たちであった。フロイトのいう転移が早い時期から、かつ強く生じるといえる者たちであった。

　このような者たちに対する治療に、とくに精神分析の分野において再び力が注がれだした。それにはクライン[61]らが精神病圏の者においても精神分析は可能であるとの立場を明確に打ち出していたことが、大きく影響していたと考えられる。まさしくクライン理論は精神病圏と神経症圏を包含した理論であった。これらの理論を背景として、上述のような治療困難な「境界例」に対する心理療法の技法が模索されるなかで、彼らの人格構造や防衛機制に目が向けられるようになった。とくにカーンバーグ（O. F. Kernberg）[62][63]やストーン（M. Stone）のものとともに、スピッツアー（R. Spitzer）らがＤＳＭ—Ⅲを作成する際に取り入れられた。こうしてＤＳＭ—Ⅲにおいて「境界性人格障害」という疾患単位が生まれたのである。ただし、カーンバーグの「境界性人格機構」が人格全般を包含しているのに対して、これは、そのなかの特定の一群のものにのみ対応している。

では、「境界性人格障害」とはどのようなものか。ＤＳＭ—Ⅳ[64]によれば、人格障害は一〇の特定の人格障害に分類され、そのなかの一つに「境界性人格障害」が位置づけられている。次にその診断基準をあげておこう。

＊

対人関係、自己像、感情の不安定および著しい衝動性の広範な様式で、成人期早期に始まり、種々の状況で明らかになる、以下のうち五つ（またはそれ以上）で示される。

(1)現実に、また想像の中で見捨てられることを避けようとするもの凄い努力。

＊基準(5)で取り上げられる自殺行為また自傷行為は含めないこと。

(2)理想化とこき下ろしとの両極端を揺れ動くことによって特徴づけられる不安定で激しい対人関係様式。

(3)同一性障害：著明で持続的な不安定な自己像または自己感

(4)自己を傷つける可能性のある衝動性で、少なくとも二つの領域にわたるもの（例：浪費、性行為、物質乱用、無謀な運転、むちゃ食い）。

＊基準(5)で取り上げられる自殺行為または自傷行為はふくめないこと。

(5)自殺の行動、そぶり、脅し、または自傷行為の繰り返し。

(6)顕著な気分反応性による感情不安定（例：通常は二～三時間持続し、二～三日持続することはまれな、エピソード的に起こる強い不快気分、いらいら、または不安）。

(7)慢性的な空虚感

(8)不適切で激しい怒り、または怒りの制御の困難（例：しばしばかんしゃくを起こす、いつも怒っている、取っ組み合いの喧嘩を繰り返す）。

(9)一過性のストレス関連性の妄想様観念または重篤な解離性症状。

＊

確かに右にあげた項目はいわゆる「境界例人格障害」と呼ばれる状態を描写しており、この診断基準によって「境界例人格障害」の状態像を共有することが可能になる。また、先に述べてきたように、従来の治療では不十分な者たちに対する治療が深められていく過程で「境界性人格障害」という診断名が生まれたのであり、その意義は否定できない。

しかしながら、これらの基準は現象の相対的な記述でしかない。症状の記述を数量化することによって共通の診断基準をつくろうとするのがＤＳＭの方針であるのだから、それは当然のことであるが、それにもかかわらず単独の診断名が生まれると奇妙なことにそれはひとり歩きするようである。そこには落とし穴も待っている。次節でこの点について検討する。

4　「境界性人格障害」という疾患単位がもつ危険性

前節で、「境界例」という用語の変遷の過程を概観し、「境界例」という言葉は、当初は明確な特定の精神疾患に分類できない者たちに使われてきたことを示した。こうした境界領域の者たちの存在は上述のように原因論的分類の限界を示唆するものであり、その延長線上にいわゆる「境界例」の心理治療の大きな進展がもたらされたのであった。そしてまた、この経験からわれわれが学んだことも非常に大きい。すなわち、境界例の心理療法によって、われわれは神経症の理解、否、人間存在そのもののの理解をさらに深めることができたのである。しかし、そこに「境界性人格障害」という疾患単位が生まれたことによって、「境界例人格障害」に対応する原因が探し出されるようになった。それに結びつくものとして次節で述べるように「心的外傷」が「再評価」されるようになった。この「心的外傷」という概念は、フロイトによって心の現象に導入された概念であるが、彼はその内実について生涯考究し続けたのであって、したがって、彼が最初に提出した概念の、しかも断片を簡単に「再評価」してしまうと大きな誤謬を犯しかねないのである。さらにいうなら、原因の追求は、原因の発見とその除去という近代医学の治療法に則ったものであるが、心の領域の心理療法は決してその原因と結果に還元してしまうことはできない。原因論を超えた視点がなければ、この概念の真実は見えてこない。

5 「境界性人格障害」と「心的外傷」の関連性に関する研究

アメリカでは、ケンプ（C.H. Kempe）の「被殴打児症候群」の報告に喚起されて、児童虐待という事実が想像以上に多く存在することが認識され出した一九六二年以降、親による児童虐待が子どもに与える心的外傷についての研究が多くなされるようになっていった。とくに、一九八〇年ころからは虐待の中でも性的虐待に関する研究が集中的に増加するとともに、虐待というあまりに苦痛な体験は子どもの記憶から抹消されるという機制の生じることが注目され、この性的虐待と解離性障害、とくに多重人格との強い関連性が指摘されるようになった。

このような流れが、「境界例」「境界性人格障害」においても、その子ども時代の「心的外傷」がかれらの症状にどのように作用したかという原因論の研究へと結びついていったようである。たとえば、ハーマン（J.L. Herman）は「父―娘近親相姦」という著書を一九八一年に出版し、一九八九年には心的外傷の研究者であるヴァン-デア-コルク（B. A. van der Kolk）らとともに「境界性人格障害における幼児期の心的外傷」という論文を発表している。このハーマンら[65]の論文の翻訳は日本の一般誌に掲載された。その要旨は、境界性人格障害は幼児期の心的外傷の既往と強い関連があり、したがって、治療においては心的外傷の現実性を保証することが重要であるというものである。このような言明は境界性人格障害で苦しんでいる人にどのように受け取られるであろうか。

ハーマンらの論文をもう少し詳しく検討する前に、日本における調査にふれておこう。このような調査が、どこまで実態を反映しているかの判断は難しいが、町沢[66]の一九九四年の調査によれば、六八人の境界例人格障害の者のうち、一八歳までの暴力虐待は二・九九％、親子分離体験は一六・二％、性的虐待は一・五％であり、日米での外傷体験には大きな違いが見られると報告されている。

さて、ハーマンらの論文では、境界性人格障害二一人、境界性人格傾向一一人、境界性人格障害でない他の疾患二三人に対する面接調査研究の結果、境界性人格障害の七一％の者に身体的虐待、六七％に性的虐待、六二％に家庭内暴力の目撃の既往歴があり、これらは他の疾患の者に比して有意に高く、したがって、幼児期の心的外傷が境界例人格障害を生じる重要な因子になると結論づけられている。彼らはこの結論から、境界例人格障害を心的外傷後症候群が複雑化したものと概念化して、重い慢性的な虐待への極端な適応を示すものを多重人格障害、中間的な適応を境界性人格障害、より限局された外傷の解離を身体表現障害・恐慌性障害・不安障害と位置づける考えを提出し、このような概念化は、「治療に直接の影響を及ぼす」と述べている。すなわち、「外傷が原因であると理解することを妨げられていた患者は、症状と外傷との関わりが分かると著明に改善する」として、境界性人格障害の治療において「外傷体験の現実性を保証する」ことの重要性を強調している。

ハーマンらの研究は重要な資料を提供するものではあるが、そこから引き出された結論はあまりにも短絡的である。このことは、同じ論文の最後で次のように述べられていることに明らかである。それは以下の二点にまとめられる。

(1)境界例人格障害の病因についての決定的な結論はこの遡行的研究からは得られない。幼児期の虐待が重要な要素ではあるが、境界例人格障害の精神病理を単独で説明するには十分ではない。外傷は脆弱な気質の子ども、他の養育者などの保護的な因子が欠如する子どもなどに最も病因的に作用するのかもしれない。

(2)患者の現在の症状と幼児期の外傷体験との関連を早期に適切に認識することによって境界例人格障害の患者に見られる治療への陰性反応のいくつかが避けられるかどうかは、将来の研究が待たれる。

以上の二点はどちらも非常に重要な問題を含んでいる。(1)は原因論に関するものであるが、ここで書かれたことは先の結論と矛盾している。(2)は治療論にかかわるものである。そして、両者は決して切り離して考えることができない。ところが、ハーマンらは論文の最後にいたって、「治療への陰性反応」に言及し、それが現在の症状と幼児期の外傷体験の関連を認識することによって避けられるかどうか将来の研究が待たれると締めくくっているのである。しかしながら、境界性人格障害において、「治療への陰性反応」が生じるのはまさにこの「心的外傷」がかかわる次元においてである。このことはすでにフロイトが提起した問題である。フロイトの心的外傷論については次節で述べるが、心的外傷を心理治療的にどのようにとらえるかはフロイトから今日にいたるまでの最も重要なテーマであった。それゆえにこそ、ハーマンらは「外傷体験の現実性を保証すること」の重要性を主張したのであろう。しかしそうであるならば、それが「治療への陰性反応」にどのように作用するかを慎重に検討した上で、初めていえることであろう。「外傷体験の現実性の保証」は、とくに今虐待を受けている子どもへの対応に導入されうる観点であるが、それをそのまま境界性人格障害の「治療」に持ち込んでくるのは早計であるといわざるをえない。

他方、ゴールドシュタイン（W. N. Goldstein）[67]は、アメリカでの「境界例」と「心的外傷」についてのこれまでの研究をふまえて、ハーマンらとは異なった観点からそれらをまとめている。（なお彼は、「境界性人格障害」という用語は用いず、「境界例」という表現をしている。）彼は、病因としては愛着剥奪や欠損が境界例の或る者たちに見られ、また、他の境界例の者には過保護で、侵入的、過刺激な母親の態度が見いだされており、最近は境界例においては生活史に心的外傷のある率が高いことを示す研究が増加していると述べた上で、これらの無視、過保護、心的外傷のすべてが病因となりうるが、それはそれぞれ異なる境界例の患者においてであることを強調している。これは、ある特定の心的外傷を境界例の原因として一対一対応させて考える立場に慎重な態度を示したものといえよう。さらに、彼が重視しているカーンバーグとアドラー（G. Adler）の心理療法の観点にふれ、両者においては子どもの内的構造に引き起こされた問題は外的世界に生じたことに対応させて考えられていないと、わざわざ述べている。

また、ゴールドシュタインは予後に関する一九八六年のマックグラシャン（T. McGlashan）や一九九〇年のストーンの報告を紹介している。これらの報告はわれわれが心的外傷と境界例の関係を考える上で参考になる。それによればどちらの研究も全体的に境界例の予後は良好であるという結果を出している。予後不良の場合については、五〇二人の入院患者の長期にわたる追跡調査を行ったストーンが次のように報告している。最も予後の悪い者はレイプ犯などの反社会的な人格のものであるが、駆け落ちをした男性、父親との近親相姦に従った女性、幼児期に暴力虐待を受けた者の予後も良くない。近親相姦の体験は一般では五％であるが、境界例の女性にはその五〇％に存在し、しかも近親相姦が世代を超えたものであり、暴力をともない、慢性的であるとき最も病理が深くなると報告している。

ここで注目しておきたい点は行動化である。行動化という観点から見れば、反社会的行動のみならず近親相姦や被虐待も受動的ではあるが行動化とみなすことができるであろう。したがって、予後の悪さは行動化と強く結びついている場合が多いといえるのである。これは彼らが象徴化の力を形成するという人間の根本的な次元が障害されてきたことを示しているのであって、そこに、心的外傷の根の深さ、すなわち、心的外傷に対する脆弱さと心的外傷からの回復力の脆弱さが生じてくるのである。「外傷体験の現実性を保証する」という治療法の限界と危険性はここにある。外傷が現実的なものであった場合、彼らにその「外傷」と現在の苦しい症状の関連性が明らかになったとしても、それだけでは彼らは癒されはしないという非常に重要なことを示唆しているのである。その苦しみの「原因」が両親などの近親者にあることを「保証」すれば、いっそう彼らの怒りや苦しみゆえの混乱は増す。

次節では、フロイトに戻ってこの概念について深く検討していこう。

6 フロイトの「心的外傷」と「事後性」

身体医学における「外傷」という概念を心の現象に適用したのはフロイトである。これが「心的外傷」理論であり、彼自身は「外傷（Trauma）と表現している。彼はヒステリーにおける抑圧の機制を説明するためにこの概念を導入したのであるが、彼の理論の発展とともに「心的外傷」という概念の内実も深められていった。その発展の節目に、「心的外傷」にかかわる新しい概念が生み出されているが、とくに、フロイトのこの論を、その最初から晩年にいたるまで変わることなく貫いていた重要な概念があることを見落としにはできない。それは「事後性[68]」という概念である。フロイトのこの概念にわれわれの注目を促したのは、フランスのラカンである。[69]「心的外傷」の本質の理解は、「事後性」の概念を抜きにしては不可能であるといっても過言ではなかろう。以下、本節では、この概念を軸にして、フロイトの「心的外傷」についての考えの深まりを追っていこう。

(1)「心的外傷」と「誘惑理論」「心的現実」

「心的外傷」が生じるには二つの過程がある。まず最初に、体験された出来事がそのものとして認識されず、心に統合されなかったという現象が生起する。フロイトはここに抑圧の機制が働いていると考えたのであるが、その出来事が真に外傷的に働くのは、後になって、すなわち「事後に」、その外傷的意味が与えられたときである。前の過程について、フロイトが最初に提出したのは、大人による誘惑という考え方であった。彼はクライエントが報告する過去の出来事の中に大人による誘惑の事実を発見し、その時期や真実性を懸命に追求していったのである。しかしまもなくフロイトはそこにクライエントの幻想が入り交じっていたことに気づかされる。こうしてこの大問題に取り組むことになるが、しかしながら、彼はクライエントが嘘を言ったと言う結論にはいたらなかった。クライエントの心にとってそれはまさしく現実なのだと受け取ったのである。すなわち、「心的現実[70]」だと受け取った。ここがフロイトの見事なところであるが、このような受け取り方ができたのは、人間においては、過去が現在に一方的に影響を与えるだけでなく、その過去は後日の効果を受けて「事後に」構成されうるものであるという、いわば二段構えの視点が最初から彼にあったからであろう。

フロイトによる「狼男」と呼ばれている事例報告には、彼がこの問題をめぐって行きつ戻りつしつつどのように論を展開していったか、その迷いも含めてそのままが率直に表現されている。彼は「狼男」を「欠陥状態を残したまま治癒した強迫神経症の後続状態」と診断して分析治療をはじめ、健康の回復をみたとして終結した。しかし「狼男」はフロイトと別れた後に再発し、フロイトの紹介で弟子のブルンスウィックの分析治療を受けた。その後彼は心気妄想も呈し、ひどい抑うつ状態が続くこともあったが、しかし八〇歳を優に越える長寿を得て人生を終えている。フロイトは後の論文でも何度かこの再発に言及している。この再発は彼に対して生じていた転移の解消の困難さと深く結びついていたと考えられるが（第5章参照）、この事例は今日の専門家の多くが「境界例」ととらえているものであり、境界例と心的外傷という課題は、すでにフロイトにおいて「狼男」を通して重大な関心をもって取り組まれた主題であったといえるのである。

この報告において、彼は「事後に」外傷的な作用を及ぼすことになると考えていた「原光景」の場面についても、実際に見た動物の生殖場面が子どもの空想の中で両親に転移された可能性もあることを示唆するなどさまざまな検討を行い、最終的には幻想形成物としての観点を取り入れた「原幻想」という概念で説明している。この「原幻想」は、系統発生的に個人に受け継がれてきたものと考えられており、フロイトは「外傷」をどこまでも歴史的事実の中に見いだそうとしていたといえるのである。彼は「精神分析学が、個体に後天的に獲得されたいくつもの階層を貫き通ったのち、遺伝されたものの痕跡に到達するという正しい審判順序を厳守するとき、初めてそれらの思想は私にとって受け入れうるものになるように思われる」と、この報告を結んでいる。それは、心の病の原因を遺伝や身体因にのみ求めてきたそれまでの精神医学の立場とはまったく異なる観点からの真摯な追求であったのであるが、当時の彼はそれが明らかになれば、クライエントをそこから解放できると考えていたのであった。しかしながら既述したように、その基盤に「事後性」という観点がすでに導入されていたことによって、さらに歴史的事実を超えた現実をそこから受け取る態度がフロイトには確実に準備されていたといえるであろう。それが次の、一見非常に唐突に見える「死の欲動」の発見につながっていったと考えられる。

(2)「心的外傷」と「反復強迫」「死の欲動」

一九二〇年に発表した「快感原則の彼岸[71]」という論文において、フロイトはその「心的外傷」論をさらに一歩進めている。第一次世界大戦後のこの時代は、戦争神経症の問題が大きくなっていた。彼はまず外傷神経症者の夢は彼らを災害の場面に繰り返し引き戻すという性格をもっていることを取り上げ、同様に、子どもの遊びに現れる苦痛な体験の再現や人間の運命についての繰り返されるデモーニッシュな性格、さらに精神分析的治療での転移における神経症者の苦痛な体験の反復などの観察から、人間の精神生活には、これまで彼が主張してきた快感原則をしのいで、より以上に根源的、一次的、かつ衝動的と思われる「反復強迫」という現象があることにわれわれの注意を促した。この「反復強迫」をもたらすものとして、人間の中に存在する「死の欲動」の作用を仮定したのである。

この概念が思弁的であるとの批判を免れないことは彼自身が認めているところであるが、それにもかかわらず彼はこの概念の必然性を固持し続けた。それは、先に取り上げた「狼男」をはじめとした重症の神経症者の非常に困難な治療を考えていたからであろう。すなわち、この論文で彼が言わんとしたことは、人間の生活史を超えて人間の中に存在するデモーニッシュなものが、繰り返し現れ出てくるという事実である。ラカンはこの事実を言葉をもつ人間の必然の運命ととらえている。これについては後にふれよう。

(3)「心的外傷」と「寄る辺なさ」

先に述べてきたフロイトの心的外傷論の深まりは、ユングからの「原光景」等の批判に対する反論としてもたらされたものでもあった。その後もう一人の弟子、ランク (O. Rank) もまた独自の外傷論を提出し、フロイトはその論をどのように位置づけるかについても熟考させられたのである。そこで改めて強調されるようになったのが「寄る辺なさ」[30]という概念であった。この概念は早い時期にすでに乳児の身体的な「寄る辺なさ」として述べられていたものであったが、この時期にいたって改めて見直されたといえよう。

ランクは一九二三年に出生による母からの分離体験が後の神経症の真の源泉であるという「出生外傷」理論を打ち出した。この論を基盤とした彼の考え方はアメリカで広く受け入れられていった。フロイトは当初は彼の考え方の中に創造的なものを見ていたようであるが、最終的には「ランクの見解が大胆で才気あるものである点には反対あるまい。けれどもそれは、批判的な検討に耐えられるものではなかった[3]」と述べるにいたっている。なぜこれほどのひどい評価がなされたのであろうか。それは次の点にあると考えられる。ランクの「出生外傷」説においては、出生という生物学的・客観的な分離体験そのものが、神経症の原因として考えられている。しかしフロイトは出生という一事の出来事そのものが外傷的に働くのではなく、このような乳児のまったく未熟な、他者に全面的に依存した寄る辺ない状態が、外傷的要因になると考えたのである。なお、同時にここにかつて彼が考えていた欲動不安とは大きく異なった新しい不安のとらえ方が生まれた。すなわち、外的・内的要因による危機を回避するための不安という「不安信号説」が提出されたのである。このような不安は、過去の外傷的状況で体験された不安の再現とみなされた。したがって、ここに現れ出ている不安は寄る辺ない状態にある不安と言い換えてもよいものである。

ランクの「出生外傷」理論とフロイトのものとのこの一見些細に見える違いは実は非常に大きい。なぜならフロイトがいう「寄る辺なさ」から、人間の本質にとって、最も重要な他者との関係が立ち現れ、そこにこそ心的な意味の次元が開かれるからである。「事後性」の観点が介入しうるのは後者においてであり、ここに心理療法の手がかりもあると、筆者は考えている。

以上述べてきたフロイトのこれらの考え方は、彼以降、クラインの対象関係論と彼の娘A・フロイト（A. Freud）の自我心理学にそれぞれ引き継がれて、次節で述べる今日の境界例の相異なる二つの観点の源流となった。

7 境界例の心理療法の二つの観点

フロイトの「死の欲動」論を継承したクラインは、「死の本能」と「生の本能」の二つの概念を根幹に据えて早期発達論を展開し、子どもの幻想の世界における内的対象関係を明らかにした。しかしフロイトの「死の欲動」とクラインの「死の本能」は同じ概念であるとはいえない。このことはすでに「本能」と「欲動」という用語の違いに読み取ることができる。クラインは身体に依存する「本能」という言葉を用いているが、フロイトの「欲動」は精神と身体の境界概念である。フロイトの「死の欲動」という概念には、「人生の目標は死である」であるという彼の言葉に表されているように、死すべきものとしての人間というショーペンハウアー（A. Schopenhauer）の哲学にすら近づいた存在論的見方がある。伊藤が示すように、この論が提出されたことによって、彼自身にあった強い死の恐怖の超克が可能とされたと考えられるのであるが[72]、クラインの「死の本能」は、まさしくこの死の恐怖そのものを意味している。クラインは生後まもない乳児におけるこの恐怖と不安をすべてに先立つ原初的なもの、生来的なものとして位置づけた。

今までフロイトの見解を見てきたわれわれは、この不安についてのクラインの考え方がフロイトの晩年のそれと少なからず異なっていることに気づかされるであろう。フロイトの不安信号説で強調された不安は、危機状況において生じる不安、あるいは、その回避のための不安であった。それに対して、クラインは、死の本能すなわち死の不安をもって乳児は生まれ、それに基づいた破壊衝動によってさらに迫害不安が生じ、そこに投射による同一化や分裂などの原初的防衛が用いられると考えた。もちろんクラインにおいても外的状況がまった無視されているわけではない。死の本能に仕える自我を健康に育てるか否かは、外的状況が不安をいかに軽減できるかにかかっているのである。

したがって、両者は同じ状況をとらえているのであるが、不安の源についての非常に微妙なしかし根本的な考え方の相違がそこにはある。それゆえであろう、フロイトはクラインの考え方に距離を取り続けていた。フロイトの最晩年のこの考え方は、A・フロイトに引き継がれ、自我心理学として発展していった。

ここで述べた考え方の相違が、今日の境界例の心理療法における対立する二つの大きな観点の根本にある。すなわち、子どもに生来的にある死の本能にもとづく無意識的幻想を重視するか、寄る辺ない子どもを不安にさせた環境側の失敗を重視するかである。ゴールドシュタインによれば、たとえば前者の観点とされるカーンバーグの理論は「両価性理論あるいは葛藤理論」、それに対してウイニコット（D. W. Winnicott）やコフート（H. Kohut）の概念を取り入れた後者のアドラーの理論は「不全モデルあるいは欠損モデル」と呼ばれ、その相違が強調されている。前者の立場では、良い対象と悪い対象の統合やリビドー対象の恒常性が取り扱われるのに対して、後者においては、抱っこをしてくれる対象や苦痛を和らげる対象の取入れが重要な問題とされる。このように二つの観点が対立するものとして受け取られてきたのは、原因論にもとづく治療論という思考法がその根底に脈々と流れていたからであろう。

しかしながら、真に心理治療的な立場に立つならば、この二つの観点は本来分けることができないのではなかろう。先述のゴールドシュタインも両者の観点の統合の必要性を指摘している。また、すでに述べてきたように、ここ数十年、アメリカにおいてはフロイトの心的外傷論の変節が強く批判され、心的外傷の現実性を保証する「治療」が重視されてきたのであるが、それに対する見直しもなされてきているようである。たとえば、レビン（K. Levin）[73]は、無意識的幻想の重要性を強調してきたアロウ（J. A. Arlow）[74]の今日に至るまでの功績をたたえて一九九一年に開催されたシンポジウムの記録の一節「一九九〇年代の精神分析の中核となる概念は無意識的幻想である」を紹介し、先の後者の「欠損モデル」の観点をとるコフート派の後継者をも含めた、精神分析各派で無意識的幻想が再評価されてきたことを示している。また、グッド（M. Good）[75]は、母による性的外傷体験記憶をもつ女性の事例を報告し、人間の記憶は幻想によって大きく歪曲される場合があることを明らかにしている。

8 境界例の心理療法に向けて

以上の点をふまえて、次に、三つの事例から「心的外傷」について考えよう。

第一のクライエントは来談後まもなく、自分から、小さいときに繰り返された両親の暴力について語り出し、それが現在の症状にいかに影響を与えてきたかその辛さを訴えた。クライエントのこの訴えに耳を傾けていたセラピストには、その辛さがひしひしと伝わった。こうして抑うつ状態を中心とするその症状は軽減し、通常の日常生活を過ごすことが可能になっていったのであるが、しかし、それは心理療法の第一歩にすぎず、ここから行動化もともなう長い過程が始まった。

第二のクライエントは心理療法において語ったある夢をきっかけにして、幼児期に起こった家族による暴力場面を思い出し、それ以降、クライエントの日常生活の状態はさらに悪くなった。自室に閉じこもる日々が続き、就労して独立するまでに一〇年以上の年月を要した。

第三のクライエントは親の厳格なしつけの不満を訴えつつも、自分の苦しい状態は、両親の育て方が悪かったからではないことの確認をセラピストに繰り返し求めていた。このクライエントは長い年月をかけて、両親の問題に目を向けだし、そのことがさらにクライエントを苦しめた。その後の長期にわたる心理療法は、これらの状態の根底にあった自己を否定するあり方が明らかにされ、主体性を回復していく過程となった。

これら三人のクライエントの「過去」をわれわれはどのように受け取ることができるだろう。三人の育った家庭にはそれぞれに問題があった。それらを「心的外傷」という言葉でくることは可能である。しかし重要なのは、原因が明らかになれば問題が解決するのではないということである。とくに第一の例で顕著に示されているように、境界例においては、心理療法の早い時期から、親の問題が訴えられることが多いように思う。それがセラピストに向け代えられ、重要な心理療法の局面に入るのである。クライエントたちはそれをどのように受け入れていくことが可能か、それこそがセラピストに問われている。三つの例はそのことを示している。

さて、先にあげたＤＳＭ―Ⅳによる診断基準に合致する境界例の状態は、第一と第三のクライエントであったが、しかし、根底にある両者の精神力動には大きな相異があった。ＤＳＭの診断基準とはそのようなものであり、したがって、それを一つの疾患単位として特定の原因と結びつけることには、根本的に無理があるといえよう

このように、心理療法においては、クライエントの「体験した過去」が現れ出てくる。当初、原因が過去の体験にあると考えたフロイトは、その意識化によって分析治療が可能であると考えていた。しかし完全な意識化は不可能であるばかりか、意識化の試みによっても症状を終わらすことはできないことに、彼は気づいていった。それに対して、原因が環境側の失敗にあることを強調する立場にお

いては、その欠損を補うことが必要だとみなされてきた。しかし、幼児期は「そのものとしてはもうない」[6]のであって、過去を修正しようとする願いは出口のない道に入り込むことになる。では何が可能か。

先に述べた「事後性」という観点をふまえて考えるならば、残された道は、ここに現れ出てきた寄る辺ない状態にあるいわば乳児の破滅の不安を、そのものとしてセラピストが受けとめつつも[76]、なおかつ過去に還元せず、現在のクライエントにおいて、その不安を受けとめ得る「器」[77]をつくる作業を行うことであろう。そこに真の象徴化が可能とされる。

すでにふれたように、ラカン[7]は先に述べたような人間の現実を、言葉を獲得した人間の必然としてとらえている。ラカンは言葉という意味作用の網の目と、人間が言葉を獲得したことによって失った言葉の壁の向こうの存在そのものが出会うところに、否、それは出会うことが不可能であるがゆえに、したがって、出会い損なうところに、「心的外傷」を見ている。われわれ人間は、常にこのような出会い損ないの出会いをしているといえよう。このような人間の必然的あり様を、人間の運命を、どのようにクライエントとともに受け入れていくかということが、われわれ心理療法家の仕事の根本にあると筆者は考えている。

9 おわりに

「境界例」と「心的外傷」の関係を考えることは、神経症と精神病を含んだ心の病全体つまり人間のあり方の全容を考えることにつながっているように思われる。境界例の者たちの存在を、「境界性人格障害」という一つの疾患単位に閉じ込めるのではなく、彼らの問いを、神経症の心理療法を深めるものとして、また、精神病圏の心理療法の可能性をも示唆するものとして受け取りたい。

第10章　精神病と排除の機制

・初出「精神病圏の心理療法における人間関係」（二〇〇一）

1　はじめに

妄想や幻覚などの精神病症状を呈しているクライエントと会っていると、なぜこれほどに心優しい彼らが、このような苛酷な苦しみを抱えさせられなければならないのかと、筆者は、彼らの担わされた運命の理不尽さを覚えざるをえない。まさしくそれは病であって、しかも、彼ら自身が発病を予防することは不可能に近い病である。それゆえ、彼らには、責められるべき咎は皆無であるにもかかわらず、彼らはその病的な行動のために家族からも疎まれ、恐れられ、長期の入院を余儀なくされることすらもある。

今日、精神病の治療の主流は薬物療法である。それは、精神病の発症に、生物学的な基盤が想定され、抗精神病薬の開発が著しく進んだことによる。したがって、心理療法において彼らの妄想などを聴くことは、むしろ妄想を発展させ、病状を悪くさせるから避けるべきであると考える人も少なくない。特に、急性期に入院治療になった場合は、まず、投薬でその病的状態を鎮静化させることになろう。しかし、病状が治まると、発病の契機は改めて捉え直されることもなく、薬物療法が続けられていることが多い。

本論では、精神病圏の症状をもつクライエントや精神病者との出会いから、筆者の心に生じてきたいくつかの疑問をもとに、精神病圏の心理療法において、クライエントにとって、セラピストとの関係はどのような機能を果たし得るのか、試論にとどまるが、筆者の考えを述べていきたい。

2 精神病の症状

精神病と筆者との最初の出会いから話を始めよう。貧困を初めとする社会の矛盾に目が向けられ、大学紛争が激しくなりつつあった時代に筆者は大学を卒業し、生活保護のケースワーカーとなった。

筆者がこの仕事をしていたのは一年半であったが、その間に今も忘れられない出会いが幾つかあった。その一つが次の出会いである。

筆者はこの仕事を、まず、自分の担当のクライエントを一人ずつ訪問して会うことから始めた。筆者の担当地区内には単科の精神病院が一つあった。その閉鎖病棟に長く入院している一人のクライエントに会いに行ったときのことである。彼は、筆者の訪問の目的を知るとこう言った。「自分の入院費は妹が支払っているからお国の世話にはならない」と。そして彼はさらに付け加えた。「妹とは結婚することになっていたのだ」と。精神病についてほとんど知識を持っていなかった当時の筆者は、彼のこの言葉を聞いて、その間違いを訂正し、すでに彼には生活保護が支給されていることを説明した。当然のことながら、彼の確信は訂正不能であり、話し合いはどこまで行っても平行線であった。とうとう筆者は、このような彼に対して正面からそれを訂正するようなやりとりをしている自らの態度に恥ずかしさを感じて、その場を立ち去った。その場のやりとりの詳細は記憶からなくなっていったのであるが、この時感じた「恥ずかしさ」は、今も鮮明に筆者の心に残っている。

この時感じた筆者の「恥ずかしさ」は、無知ゆえの、人間としてのあまりにも傲慢な自らの態度に対する恥ずかしさであったと思う。彼は、心を病み、閉鎖病棟への長期入院を余儀なくされている状態にあって、入院費はいらないという明らかに不合理な言葉を発したのであるが、それでもなおこの彼の言葉から、自分はお国の世話で入院しているのではない、入院費を出してくれている妹が自分にはいるのだ、自分を愛してくれている妹がいるのだと必死でみずからの存在を維持しようとしている呻きが聴き取れる。それに対して筆者の態度は、自己の尊厳を守るこの彼の最後の砦を、厚顔無恥にも壊そうとするものであった。それは権力の一方的な行使ですらあった。しかし、いわばお国の代表として筆者が彼に押しつけようとした善意は、彼のこの鉄壁のような言葉の前にはまったく無力であった。

彼にはね除けられたことによって、筆者に喚起されたこの「恥ずかしさ」が、その後、この重篤な病を病んでいる人びとに筆者が接するときの基盤となってきたように思う。と同時に、筆者は人間に生じるこのような病を他人ごととして置いておけなくなったのか、ずっと、この病について密かに問い続けてきた。数十年を過ぎた今も、この病を筆者が理解できたと言える状態ではないことにまったく変わりはないが、ここに若干の接近を試みたいと思う。

さて、彼のような状態を精神病理学は「病識」がない、つまり自分の病気に対する認識がないと記述する。そして、彼の症状は、統合失調症の「陽性症状」、あるいは彼らの訴えによってその存在が明らかになる「主観症状」である幻覚・妄想等の「妄想」であって、この妄想とは、それを反証する事実がいくらあっても、かれらの妄想に対する「確信」を訂正することは不可能であることを特徴とするが、このような症状の発生についてわれわれは了解できないのであり、この了解不能性にこそ病的過程があると説明される。このような説明は、彼に現れている現象を正確に捉えており、われわれをわかったような気にさせる。当時の筆者に、このような「知識」があったならば、彼に対する態度ももっと別なものになっていただろうと思う。しかしながら、もっと別なものになったところで、そのような態度が、彼らにとって無縁なものであることには変わりなかろう。否、むしろさらに遠いものとなっていたかもしれない。このような知識は、病者のためであるよりも、彼らの了解できない行動を、そのようなものとして、われわれの生きる世界の外に位置付けをすることによって、われわれが安心するために生まれてきたと言われても、どこまで反論できるだろう。K・ヤスパースは、「気分の病気はわれわれに感情移入でき、自然である」と捉え、それに対してこの病気を「感情移入できず、了解不能で、不自然である」と定義している[78]。このような精神病理学の観点は、病的であることが病気の本態であるといっているにすぎないのであって、このような態度は病気の異常性を際立たせることになって、さらに彼らをわれわれから遠ざけることにすらなろう。

付言するならば、薬物治療の進歩は、一方で、確実に症状の軽症化をもたらしたが、これもまた、彼らの症状をわれわれ人間から遠いものにすることに寄与したといってもあながち間違いでないように思われる。生物学的な研究が重要であることは言うまでもない。しかし、薬物治療による苦しい副作用の訴えを彼らから聞いていると、この症状を取り除くことができれば、それでこと足れりとは思えなくなる。この間題を生物学的な基盤にのみ還元することで、人間に生じたこのような事態を、人間としてのわれわれが共有することを放棄してしまっていることは否めない。彼らの症状を、原因論を超えて、心の事象としてどこまで解明できるのか、どこまで共有できるのか、このことがわれわれに問われているのではなかろうか。

この点について、精神病理学が着実に進歩してきたものであったことも事実である。E・クレペリン[51]の心の病の詳細な症状の分類は、「早発性痴呆」という名称のもとに、「精神的な人格の内部の関連が独特の破壊」を受けるにいたるものたちの病態像を抽出させ、さらに、E・ブロイラー[54]は、クレペリンの「早発性痴呆」という痴呆の進行を表す名称に対して、「精神分裂病群」という名称を提唱し、それが一つの疾患としてひとまとまりにはできないものである可能性が大きいことを示した。また、クレペリンが、身体的要因をその成因として重視したのに対して、ブロイラーは、心理学的な観点を導入して病者の内界に迫り、観念連合の障害、感情鈍麻、自閉性、両価性の四つの基本症状を提示した。彼が、自閉性について「フロイトが自体愛と呼んだものとばば同義である」と表現しているように、その症状の捉え方はS・フロイトの精神分析理論や連合心理学との交流から生まれたものであった。ただし、フロイト[79]は「精神分裂病」という名称でこの病を括ることについては、その全体像を捉えていないとの理由から異論を呈しており、むしろ「パラフレニイ」という用語の方が適切であると考えていたようである。それはこのパラフレニイという表現は「パラノイア」(妄想症)の「パラ」と「ヘベフレニイ」(破瓜病)の「フレニイ」がひとつとなった言葉であり、パラノイアとヘベフレニイの両側面が含まれているからであった。フロイトが、この名称にこだわった理由は、後に、詳しく見ていく彼の観点に読み取ることができる。本論ではこれらの点をふまえたうえで、今日使われている統合失調症という用語を用いて以下の論を進めていく。

3 神経症と精神病

ブロイラーの弟子であったC・G・ユング(80)の統合失調症に関する研究も、前章で述べてきた流れのなかに位置付けることが出来よう。ユングは、妄想や運動性常同症など、当時、そして、現在も同様であるが、病気そのものとみなされていたものを、意味のない偶然の産物としてではなく、意義ある心的産物として捉え得ることを明らかにした。彼は、これらの症状に意味を読み取ったことによって、強迫神経症やヒステリーなどの神経症と共通するものを見出したのである。この視点は非常に重要であるが、しかしながら、この時点では、彼は、精神病と神経症の本質的な相違はなにかを明らかにしていない。精神病の本態に迫るには症状の解釈からその共通性を抽出するのみでは不充分であろう。それゆえであろうか、彼は、結局、精神病を毒素によって説明する立場に与することになった。フロイトは、当初、ユングの統合失調症に関する仕事を高く評価していたが、この点において彼を厳しく批判した。後に、ユングは両者の相違をもたらすものとして、個人の生活史を越えた集合的無意識という概念を提示するに至るが、この集合的無意識は精神病においてのみ作用しているものではないことを考えると、彼の理論からは、精神病の特異性は見えてこないといわざるをえないのである。しかし、彼のこのような観点から、妄想の象徴内容への接近の道が開かれたことは確かであろう。ユングの態度は、いわば精神病の世界から人間を見ていたことによるものと思われる。

フロイトに戻って、この点について考えていこう。フロイトは、自らが創始した精神分析という技法の適用を厳密に神経症に限った。しかし、それは彼が精神病について何も考えていなかったということではない。彼は、神経症の構造を明らかにすることによって、神経症を手がかりにして精神病という病に迫った。すなわち、神経症との関係から精神病の位置付けを考えていたといってよかろう。まず、彼は、精神病における「現実の喪失」が神経症の場合とは大きく異なることに注目している。(81)すなわち、神経症では「現実の影響が優勢」であるのに対して、精神病では「現実の喪失」が最初から現われるという。この点について、彼は、次のような説明を提示している。神経症においては、自我が「現実にしたがって」エスの一部を抑圧するのであるが、これに対して、精神病では「エスの優勢が決定的」であるので、自我はこのエスに奉仕して、「現実の一部からしりぞく」と。ここでは、まず、精神病におけるエスの作用の決定的な強さが認められている。

さらに彼は、神経症の発生と同様に、精神病の発生においても、二つの段階があると想定しているのであるが、それは次のような点で神経症とは異なったものになるという。精神病においては、第一段階で、右に述べたように、自我がまず現実から引き離される。ついで、第二段階では、この現実の喪失を補うために、「新しい現実」が創造される。この「新しい現実」とは、第一段階で見捨てることになった現実においていたような衝突を起こすことがないように、新しく改築された現実である。神経症においては、現実のこのような廃棄はなされないのであって、ただし、「現実について何も知ろうとしない」だけであるとフロイトは非常に的を射た説明を付している。神経症のクライエントの強迫症状やヒステリー症状などさまざまな症状はまさにこのような「現実について何も知ろうとしない」状態であるといえよう。これに対して精神病では、現実が廃棄され、そこに新しい現実が置き換えられるのである。

フロイトはこのようなことが起こるのは、自我が「堪えがたい表象から自分を守る」ためだと考えた。(45)「堪えがたい表象」は「その感情とともに」投げ棄てられる。この過程で、「自我自身が現実から遊離してしまう」ことになるというのである。

フロイトは、このような例として、「幻覚的錯乱状態」を呈した少女の事例を記載している。この少女は、ある男性の愛が自分に向けられていると信じていたのであるが、それが間違いであったという受け入れ難い出来事が続くなかで、ついにその事実が決定的となった後、幻覚的錯乱状態に陥った。そして、「彼との幸せな日々」を過ごすことになったのであった。すなわち、新しい現実がここに造り出されている。フロイトは、この少女を基本的にはヒステリーと捉えており、このような精神病がヒステリーの経過中に現われることは少なくないことを指摘している。

フロイトとJ・ブロイアーの共著『ヒステリー研究』(一八九五年)に報告されている「アンナ・Oの事例」も、その典型例といえよう。アンナには、さまざまなヒステリー症状とともに幻覚もあった。ブロイアーの治療によってそれらの症状は消失していったかに見えたが、その治療の最終局面で、「モルヒネ以外では、私にはおさめる手立てをなくした興奮状態」、そして「のたうちまわるような痙攣発作」を起こすに至った。しかしながら、この点については、彼らは、『ヒステリー研究』においては明らかにしていない。A・ヒルシュミューラー(24)によって発見された資料によれば、アンナのこの状態に対応できなくなったブロイアーは、その後の治療をR・ビンスワンガーに依頼したのであるが、その際にビンスワンガーに送ったレポートのなかで、上記の症状を報告したうえで、このアンナの病態を「ヒステリー性の重症神経症および精神病」と記載している。フロイトはこの状態をブロイアーとの転移関係から生じた「ヒステリー性出産」と解釈している。なお、彼らが用いている「ヒステリー性」という用語は「幻覚性」と同義である。フロイトは、このような錯乱状態のアンナの症状が、ブロイアーとの治療関係から生じてきたものであることに気がついていたのである。この同じ時期、しかもほんの少し先に、ブロイアーの妻は子どもを「出産」している。

このような病態にあったアンナであるが、後には、広く認められた、しかし厳格な社会事業家になっている。彼女が、排除してきたことによって、「ヒステリー性出産」という形を取って彼女の外から返ってきた「性愛」は、女性や子どもを「性」の乱れから保護する社会事業家、しかも厳格な社会事業家という在り方となって社会とのつながりを見出したといえよう（第5章参照）。

アンナをはじめ、当時の事例の詳細な検討をすると、フロイトの時代の神経症概念は非常に広く、そこには、現在では、境界例のみならず非定型精神病や統合失調症と診断されているものも含まれていたのではないかと思われる。たとえば、ユングの患者であったS・シュピールライン[82]は相当重い病態を示していたが、後に、精神分析家になり、フロイトも引用している興味深い論文を発表している。薬はモルヒネぐらいしかなく、薬物治療が困難であった当時、一部の恵まれた人びとだけではあったであろうが、人間による手厚い治療がなされていたことは想像に難くない。このことは、薬物治療とともに、そこに人間による心理治療が加わることによる治療可能性を改めて感じさせるのである。

以上述べてきたように、フロイトは、精神病の症状においても、神経症と同様に防衛の機制が働いていることに注目したのであるが、同時に、その防衛は、神経症の防衛とは決定的に異なった形になることを示した。この点こそ重要であろう。

この観点から、彼が明確な分析例を提示したのは「自伝的に記述されたパラノイア（妄想性痴呆）の一症例に関する精神分析的考察」においてである。これは、元控訴院院長の職にあったD・P・シュレーバー博士が自ら出版した自己の病歴『ある神経症患者の回想録[83]』という膨大な資料をもとに、彼の妄想についての精神分析学的解釈を行ったものである。したがって、フロイトが分析家として直接に出会ってはいなかった事例を対象にしたものであるが、彼は、「神によって女性に転換される」というシュレーバーのこの体系的な妄想の解釈においても、「われわれが病気の産物と見なすもの、つまり妄想形成こそ、実際には回復の努力であり、再建である」[79]と捉えている。当然のことながら、「この再建は決して完全には成功しない。シュレーバーの言葉によれば「深い内的な変化がこの世界に行われてしまったのである」が、それにもかかわらず、こうして「世界の人々やものごととのつながりを再び獲得する」とフロイトは言う。しかも、そのつながりについて彼は、「たとえ現在はそれが敵対的なつながりであっても、かつては激しい期待に満ちた親愛の情に溢れたつながりであった」と述べている。精神病の発病が、しばしば愛情関係の破綻を契機とすることを考えると、そこにはまさしく「激しい期待に満ちた親愛の情に溢れたつながり」の希求があることは明白である。また、この病にある者の多くが働きたいという希望を強くもち、同時に、働いていない自分を徹底的に責めるのも、この「つながり」を、すなわち、社会とのつながりを求めるがゆえであるといえよう。

フロイトによって回復過程とみなされたこの妄想は、どのように形成されていくのか、この点について、次章で見ていこう。そこには、非常に独創的な視点がある。

4 妄想と投射

この重要な過程についてのフロイト(79)の視点は非常に興味深い。それは投射の過程を経て行われると彼は言うのであるが、ここで注目すべきは、「患者の内界に抑圧された感覚が外界に投射されるという言い方は正しくない。むしろわれわれは、内界で抹消されたものが外界から再び戻ってくると考えるべきである」と、説明が付されているところである。フロイトは、この「投射」という概念を、神経症的な範疇の投射とはまったく異なったものとして導入したのであって、そこで、見過ごすことができない点は、投射されたものが「外界から」戻ってくるということである。それは、この投射が、神経症の抑圧とは異なり、内界に抑圧されているものではなく、内界で抹消されたものの投射であるからだ。

このようにして外界に投射されたものは、どのような形で戻ってくるのか。フロイトは、四つの形式を示している。彼は、多くの臨床例に基づいて、そして、シュレーバーの「女性化」の妄想の分析において明らかにしたように、パラノイアの妄想は同性愛的願望に対する防衛から生じていると考えたのであるが、この「私は彼を愛する」という同性愛的願望に対する反対意見は次の四つの形を取り得るというのである。すなわち、「私は彼を愛する」という一文は、「私は」という主語、「彼を」という目的語、「愛する」という動詞からなりたっているが、その反論は、それぞれの、主語、自的語、動詞に対するさまざまな反対意見、さらにこれらすべての反対意見として表すことが出来、ここから、迫害妄想、被愛妄想、嫉妬妄想、誇大妄想の四つの妄想が生まれるという。

以下に、フロイトに従って、この四つの妄想がどのように形成されるか見ていこう。短絡的な論理が展開されるので、すぐには容易に納得できないところもあるが、しかし、それは、この外界に放り出すという機制の不可解さに接近しているがゆえであろうと言っておきたい。

(1) 迫害妄想

この迫害妄想は次のような動詞の反論から生じる。「私（男性）は彼を「愛する」」の反対意見は、「私は彼を「愛さない」……私は彼を「憎む」」と明言することになろう。しかしここで、この内的な知覚である「憎む」はこのような形では意識にもたらされず、外界から与えられた知覚に置き換えられる。すなわち、「彼は私を「憎む」」に変わる。「憎む」という表象が投射され、外に捨てられ、外的知覚として外から返ってくるのである。こうして迫害妄想「憎まれる」が生じる。そして、「だから私が彼を憎むのは当たり前だ」ということになる。

以上が、迫害妄想が生じる過程としてフロイトが示したものである。ここでは憎しみという愛の挫折から始まっているが、その愛の否定として生じた憎しみもさらに外に捨て去られている。したがって、外から返ってきたこの憎しみは、愛の希求そのものに対応すると見なすことができよう。

(2) 被愛妄想

この場合は、「私(男性)は彼を愛する」の目的語である「彼を」に異論が生じる。「私は「彼を」愛しているのではない……「彼女を」愛する」となるが、ここでも愛するという自己の内的知覚はなく、愛することは外界からやってくるのであって、「彼女が私を愛していることに気付く」ことになる。こうして被愛妄想が生まれる。したがって、「私は彼を愛しているのではない。むしろ彼女を愛しているのだ。それは彼女が私を愛しているからだ」ということになる。彼女の私に対する愛に応えるために、「私は彼女を愛する」のである。

このように見ていくと、一見非常に自己中心的に思われた被愛妄想であったが、それとはまったく反対に、自己を抹消して、外界からの要請に応える態度がそこに現れでてきている。

フロイトは、ここでも男性の被愛妄想を想定しているが、女性の場合は、このような被愛妄想が単独で現れる場合は少ないように思われる。むしろ、この被愛妄想が、追い掛け回されるといった迫害妄想や注察妄想、あるいは、自分の苦境を救済する者がやってくるという誇大妄想と結びついた形を取って現れることが、多いのではなかろうか。いずれにしろ、男性とうまくつながることができない、どのように愛してよいのかわからないという思い、愛というものの不可解さとその希求がそこにはある。それゆえにこそ、愛は、向こうから、すなわち、外から、迫ってくる。その愛はどこまでも不変で、永遠なものとしての完全性を備えているので、どこまでも、追い掛けてくる。

(3) 嫉妬妄想

この嫉妬妄想では、「私(男性)は彼を愛する」の主語の「私は」が反論され、「「私が」彼を愛しているのではない……「彼女が」彼を愛している」となる。すなわち、「彼を愛しているのは「私(夫)」ではない。なぜなら「彼女(妻)」こそが彼を愛しているのだから」というのである。この場合は、愛する主体がすでに「私」から「彼女」に置き換えられており、自我とは関係のない外界のものになっているので、投射は必要とせずに、「彼女は彼を愛している」という嫉妬妄想が生まれる。こうして、彼が無意識に愛する対象(男性)は、すべて、彼女(妻)が愛しているという嫉妬妄想になる。

フロイトはこの男性の嫉妬妄想について、妻に失望し、酒の場で他の男性との感情的満足を求めたアルコール依存症者の場合を取り上げて述べているが、女性(妻)の嫉妬妄想においても、同じ機制が働いており、したがって、夫の愛が向かっていると疑う相手の女性は、とても恋愛の対象にはふさわしくない老女である臨床例が多いことを示している。たしかに今日でもフロイトが述べるような高齢の女性を夫の愛の対象とみなす妹妬妄想の事例に出会うことがある。それらの対象は彼女自身が幼い頃に愛情を求めた女性、あるいはその愛を競い合った姉妹たちに近い存在であろうとフロイトは解釈している。このような観察に基づく彼の示唆は、ここに提示されたような常識では納得しがたいこの嫉妬妄想の機制に説得力を与えている。

筆者が、一〇年余面接した五十歳代のクライエントで、医師による病名は統合失調症であったが、定期的な心理面接をすることによって休職することなく定年まで勤務することができた事例がある。彼は優秀な成績で高校を卒業後、大企業に就職したが、心身の過労と異性に対する思いから不眠となり、二〇代で発病した。五年間休職したが、復職でき、その後も、再発のために休職を何度も繰り返しつつも、仕事を続け、結婚し、子どももできた。彼は、状態が悪くなると妻に対する嫉妬妄想と被害妄想が起こり、服薬も拒否し、さらに状態が悪化して再入院になるということを繰り返してきた。彼の嫉妬妄想は、妻と自分の父との仲を疑ったものであった。

既述した、フロイトの考えた嫉妬妄想が形成される過程にしたがえば、妻が愛しているという嫉妬妄想の対象は、彼が無意識に愛している男性ということである。彼の場合、その嫉妬妄想の対象の男性は自分の父であった。それゆえ彼は父を愛していることになる。父の「白い制服にサーベル」姿を覚えていると彼はいう。第二次世界大戦中のことであった。彼は幼い日の父についてはほとんど語っていないが、白い制服にサーベルを着けたこの父の姿は鮮明に記憶に残っているようであった。その後、父は戦地へ行き、下の子を身籠っていた母は、郷里に戻るしかなく、彼はそこで、小学校に入学した。母の郷里へ戻る前、彼は、一人で、「玉砂利を踏んで」、親戚の家に母の用を足しに行ったのだと語っている。彼は「玉砂利を踏んで」というところを強調したが、そして、そこに筆者は「転びそうになりながら」というニュアンスを受け取ったのであるが、この言葉のなかに、幼い彼が長男として、父に代わって懸命に母を守っていた様子が窺える。たしかに彼にとって、父は非常に大きい存在であったのだろう。しかも、それは「白い制服にサーベル」としか表現できないものであった。この姿を彼の心に焼き付け戦地に行った父、この父への思いは「白い制服にサーベル」としてひとり歩きし、それに対応するような父からの強い期待を彼は変わることなくずっと感じてきたと思われる。彼は、就職後も父の期待に応えるべく頑張り、とうとう精神の不調を来たした。そこには、「玉砂利を踏んで」必死に歩く幼い頃の彼の姿が重なってくる。

この父は、八〇歳で亡くなった。一〇年あまりの面接の間も彼はまったくといっていいほど、父母に対する批判的な言葉や不満を口にしていないが、父の葬儀をすませた後、「もう四、五年居てくれるかと思った。居ると鬱陶しいこともあるけど、死ぬと神格化する」と、ぽろっと父に対する両価的な思いを洩らした。母は、筆者が彼との面接を始めたときにはすでに亡くなっていたが、この母が重い病いになったことをきっかけとして、彼は父母と同居している。実家は勤務先から非常に遠く、何度も再発を繰り返してきた病気を抱えた彼にはかなりの負担であったが、長男としての責任を果たすべく彼は同居を望んだのであった。

先に触れた、シュレーバーにおいても、彼の父、M・シュレーバーは大きな存在であった。彼は、自らも『回想録』のなかで、「私ほど厳格な道徳律の中に育った人間はあまりいないであろう[83]」と述べている。それに対して、彼の妄想は、主治医フレッヒジヒによる性的な迫害妄想から始まり、宗教的な誇大妄想へと発展していっている。フロイト[79]は、主治医フレッヒジヒに対する同性愛的なリビドー興奮に対する戦いこそ、「疾病現象を惹起した根源的な葛藤」だったと見なしている。さらに彼は、非常に慎重に、父との関係が、フレッヒジヒ博士、そして神に転移されていった過程を示した。すなわち、最初は愛着していたフレッヒジヒ博士が「魂の殺害者」として誹謗される迫害者に一変している。ついで、没落せる人間界の新しい創造のために、神に享楽を与える女性になるという誇大妄想が生じることによって、脱男性化に対する自我の補償が行なわれ、同時に、同性愛的願望も満たされて、自我に受け入れ得るものになっていったとフロイトは解釈している。そして、彼は、少年シュレーバーの父親に対する態度を次のように捉えた。「彼と神との関係に見出されるのと同じような崇拝に満ちた服従と反逆との混合を含み、彼と神との関係の寸分違わぬ原型そのものである」。

M・シュレーバーはドイツの体操協会会長であり、彼の著書『医学的室内体操』は七か国語に翻訳され、日本にも、一八七二年に明治政府によって取り入れられ、国定体操になった。このことを紹介している石澤[85]はこれがわれわれのよく知る「ラジオ体操」の源流であろうと推測しているが、この体操の普及運動の影響力の広がりを知るとき、その根底にあったすべての子どもの身体を矯正することによって精神の健康をもたらすという彼の思想の強固さを改めて実感させられるであろう。石澤によれば、この父は、シュレーバーが九歳の時、公職をすべてやめて、執筆に専念するにいたっているが、彼の入院時の病歴の記載によれば、父には「殺人衝動をともなう強迫観念」があった。さらに、シュレーバーの父、祖父、曾祖父は三人ともそれぞれ、ゴットロープ（Gottlob）、ゴットヒルフ（Gotthilf）、ゴットフリート（Gottflied）という神（Gott）を意味する名前をもっていた。フロイトは、彼が一九歳という若いときに父を亡くしていることに注目しているが、シュレーバーの妄想に現れた「神」には、まさしく彼の中から外に放り出されたのであろう父への彼の「崇拝に満ちた服従と反逆」の思いが感じ取られる。

（4）誇大妄想

この四つ目の誇大妄想は、「私は彼を愛する」という、願望全体の反論から生じる。この反論は「私は誰も（他者を）愛さない」ということになる。しかし、それは、「私は私だけを愛する」ということと同じであり、誇大妄想となる。フロイトはこの誇大妄想は、愛情対象の過大評価と同列に置くことができると説明しているが、この視点から、誇大妄想の背後には、誇大に似つかわしくない自己の卑小さが潜んでいることがよく見えてこよう。

フロイト[79]は、この誇大妄想に現れているような自己愛をさらに越えて、対象愛の完全な撤収と自体愛への逆戻りにまで及ぶ場合を統合失調症と考えていたようである。この誇大妄想がパラノイア性疾患のほとんどのものに見られるという事実から、彼は、統合失調症とパラノイアの大きな相違のひとつはこのような自己愛の障害の程度にあると見ていたのである。すなわち、統合失調症では、パラノイアのように障害が部分的なものに留まらなくなる。また、フロイトは、両者の相違のもうひとつの点として、パラノイアにおいては投射が優勢であるのに対して、統合失調症では、投射よりも、幻覚性の機制が用いられることを指摘しているが、この統合失調症における幻覚に圧倒される時期についても、「リビドー遮断をともなう抑圧の存在を推定する」という説明を付したうえで、すなわち、神経症に見られるものとは異なった「抑圧」が存在することを前提としたうえで、「リビドーを再び対象化しようとする回復の努力と抑圧との葛藤のひとつの現われ」と解釈している。このような彼の表現のなかに、神経症の「抑圧」に対応させることができるが、しかし、統合失調症のなかに認められるそれとはまったく異なった機制をどのように表現するか、苦労している様子が読み取れる。

以上のフロイトの観点を整理しておくならば、統合失調症においては、幻覚性の機制が、つまり、ヒステリー性の機制が用いられるのであるが、同時に、パラノイアから投射（妄想）、そして誇大妄想、さらに自体愛につながる道筋を経て、パラノイアの妄想と重なる機制をもつものとして捉えられているといえよう。

われわれは、フロイトを参照することによって、パラノイアの妄想を手がかりに、統合失調症に近付くことができた。フロイトは、パラノイアの分析を通して、妄想が、愛の願望をめぐって、自己自身の内的知覚ではなく、外から働きかけてくるという形を取って主体に迫ってくるという点に注意を促したのである。しかも、このような歪んだ形ではあっても、外界への関心がまったく撤収されているのではないということを彼は強調している。これがフロイトが提示した幻覚・妄想についての症状形成の機制である。

5 排除について

前節で提示してきたフロイトが「投げ棄てる」と記述しているような機制を、J・ラカン(16)は、神経症の抑圧に対して、「排除」と呼び、この「排除」の機制において、神経症とは異なる精神病の症状形成過程の構造を明確に位置付けたのである。すでに述べたように、フロイト自身は、ときにはこれを、「抑圧」と表現していることもあるが、前後の文脈をよく読み取ると、彼が明らかに両者を区別して用いていることが分かる。

精神病の機制として提示されたこの「排除」と神経症の「抑圧」はどのように異なるのだろうか。もっとも重要なことは、抑圧が主体の無意識への抑圧であるのに対して、排除されたものは無意識においてすらも主体に留まることができないという点である。それゆえ、外界から返ってくる。この点において、両者は決定的に異なる機制なのである。フロイトが夢の分析を無意識への王道と呼んだように、われわれは夢によって、無意識との対話を可能にされる。他方、排除されて外界から返ってきた妄想や幻覚は、この夢に現れる無意識とその象徴表現において明確な共通性をもつにもかかわらず、まったく異なった次元のものとして受け取られねばならないというのがフロイトをふまえたラカンの立場である。

抑圧と排除、この両者の決定的な相違は、象徴化の有無、さらに言うなら象徴化の要の有無にあると言えようか。扇は、要となるたった一本の小さな軸が外れたならば、どんなにそこに美しい絵が描かれていても、その扇の動きはばらばらになり、美しい絵とともに、心地よい風が送られてくるということは不可能にされる。折角の美しい絵もそのままではもはや鑑賞に堪えない。しかし、たとえこの軸が無くとも、絵をそっと平らにして額に入れれば、元の美しさを取り戻せる。筆者は、精神病圏の心理療法はこのような作業ではなかろうかと考えているが、これについては、後に再度検討したい。

さて、ラカン(16)は、排除について、「象徴界の秩序に関する一切の表明を端折っている」と述べている。それは、「フロイトが一次過程として与えた肯定を端折っている」という意味においてである。フロイト(84)においては、この肯定は結合と等価である。この肯定とは、フロイトの表現によれば「私はそれを食べようか、それとも吐き出そうか」あるいは「私はそれを自分の中に取り入れようか、それとも自分の中から取り除こうか」、「それは私の中にあるべきか、私の外にあるべきか」、すなわち良いか悪いかの属性判断が問題となっているのである。排除はこの「良し」とする「肯定」の不在、さらにあえて言えば、属性判断そのものの放棄である。

精神病において見過ごしにできない重要な点は、この肯定の不在であると言えよう。この肯定の困難さは妄想確信の修正不可能性、あるいは拒絶症にまさにそのものとして認められる。真珠貝が真珠を造るには、その中核になる小片がなくてはならない。真珠貝はその小片によって、それを包む美しい真珠を造り上げる。この小片がなければ真珠はできない。本論で取り上げてきた投射とは、いわばこの真珠貝の中核となる小片、したがって取り入れの根本的な中核がないために、内に留まることができず、外に放り出されてしまう機制である。したがって、取り入れとは根本的に対立するものとなる。

この「排除」において、排除されるものとは、右に述べた中核であり、ラカン(16)によれば、それが「父の名」である。すなわち、「父の名」によってもたらされた去勢そのものの否定が「排除」である。ラカンは、フロイトによるエディプスコンプレックスを、主体における、原初的シニフィアンの導入と見なした。したがって、去勢とは人間が象徴化を受け入れること、つまり、言語の世界の秩序を受け入れることと考えられている。彼は、言語の世界である象徴界から抜け落ちた次元を現実界、あるいは現実的なものと表現したが、排除されたものは、この現実界に現れるのである。したがって、幻覚・妄想は現実界に現れた、象徴化されないものである。こうして他者に翻弄され、他者の享楽に身を委ねざるをえない状態がもたらされる。それゆえ、彼らの症状は、そこから意味が読み取れるようでありながら、意味の次元のみでは、その本質に迫れないのである。その意味の次元の前提には、原初的な結合としての肯定があろう。この肯定がなければ先に述べた取り入れの過程は始まらない。

6 原初的な結合としての肯定

フロイト(84)は、思考内容を「肯定」するか「否定」するかの判断機能には二つの段階があるという。第一の判断は、ある事物の性質に関する判断である。右に述べた、自分の中に取り入れるに際してなされる判断、すなわちそれが「良い」か「悪い」かを判断し、良いものとして取り入れること、あるいはそれが自分のうちにあることを「肯定」するのがこの判断、つまり属性判断である。第二の判断は、表象として自我のなかに存在しているものが、現実の中にも「再発見」できるか否かの判断、つまり、現実吟味である。この現実吟味は、自我のなかに存在するこの事象に合致する客体を、現実知覚のなかに見出すことではなく、それがまだ存在していることの確認、つまり「再発見」することである。したがって、この第二の判断における「否定」は、自我によってなされた無意識的なものの否定形で表された承認であると見なされる。たとえば、「私はそのような大それたことを考えもしなかった」と語るとき、無意識には、すでにその表象があったことが前提となろう。それゆえ、第二の判断は、抑圧の機制、さらに言うなら、ラカンがいう去勢とかかわってくるのである。これに対して、第一の判断の「否定」は、悪いものを外界へ「投射」し、「排除」することである。排除されたものは、自我のなかには存在し得ない。抑圧という意味においてすら存在しない。ラカンが精神病においては、象徴化という去勢が受け入れられていないといったのはこの意味においてである。

ラカン(16)が提示した「鏡像段階」における「鏡像」としての他者の同一化、つまり他者の取り入れをもたらすものこそ、このような肯定の結果であるといえるだろう。「鏡像段階」は生後六か月から一年六か月の時期に生じるといわれているが、この「鏡像段階」において、乳児は、鏡に映った像を自己の身体像として受け取ることが可能になる。しかしながら、それは単なる発達の結果として至った段階ではない。それを可能にするのは人間の心的関係である。人間は、鏡像という他者に同一化することによって、自己の対象化としての自己形成を行うのであって、ここに他者との同類性と自己の個別性が同時に獲得されると考えられる。

この点を具体的に説明するために、以下に、筆者が出会った自閉症児（六歳）の鏡の前での行動を取り上げる。なお、これは、週に一回、約半年間の、心理療法の過程で起こったことである。

心理治療開始当初、彼は、宙に指で何か——後にテレビ番組やCMの画像の正確な再現とわかる

——を描きつつ走り回っている状態であった。こんな彼がセラピストである筆者の膝に後向きに座りに来るようになりだした頃、離れたところからもチラチラと筆者を見るようになった。その視線を感じた筆者が彼を見返し、「ウン」と頷くと、目が合った瞬間に彼はキューと目を閉じ、それ以後筆者と目が合うと必ず目を閉じてしまった。そして、眠り人形の目を調べるように触っていたのであるが、その後、筆者と目が合っても目を閉じることはなくなり、鏡に自らの身振りを映して見るようにもなった。ところが、筆者が背中におぶさってきた彼を、おぶったまま、二人の姿を鏡に映すと、彼は再び目を固く閉じ、首を反対側に向けて、鏡の中の像を見ることをまったく避けてしまった。

筆者は、〈見ること〉は、本来、誠に主体的な行為であり、さらに他者の眼差しを受け入れることは、他者の主体性を受け入れることであって、人間存在の本質的在り方にかかわるものであろうと考えている。自閉症児は目を開けているが、他者を見ていない。たとえ目が合っても、目を貫き通って背後を見ている感さえある。それゆえ、彼が目を閉じたということは、筆者との関係の変化とともに、そこに何かが生じたことを示していたといえよう。すなわち、「彼が、筆者をチラチラと見、その視線を感じた筆者が彼を見返し頷いた」という相互関係において、彼の眼差しは筆者を見、筆者の眼差しはそれを見返した。それゆえ、彼は、彼自身を見る筆者の主体性を見たといえるであろう。しかしその瞬間彼は目を閉じてしまった。それは彼にはまだ見ることのできないもの、受けとめ得ないものがそこに現れ出たがためであったと筆者は考える。すなわち、彼は、筆者の眼差しの主体性にさらされるというぎりぎりのところに立たされ、人形の目を調べたりしていたが、結局、この段階では、筆者の眼差しを形において受け止めるに留まったのである。それゆえ、彼は筆者の目や鏡のなかの自らの姿を見ることはできたが、筆者の背中に居る自分の姿が鏡に現れ出たとき、再び目をそらさざるを得なかった。なぜなら、この二人の鏡のなかの姿を受け入れるためには、鏡像が他者によって見られている自分の姿であることの理解、すなわち、主体者としての他者の視点における自己の身体像の把握がなされていなければならないからである。

このように、自閉症児においては、他者の主体性の理解と他者の視点の内在化が困難である。それゆえ、主体性をもった他者は脅威を与えるものとなり、主体性をもたない「もの」のみを繰り返し見続けるという、見るものの限定を余儀なくされている。

筆者は、このような自閉症児の心理療法においては、彼らの「見ること」の対象が「もの」から「人間であるセラピスト」に移されることの重要性を指摘し、この移行に続いて、「彼がセラピストを見ること」から「セラピストによって彼が見られること」へと変化し、ついで、「彼を見るセラピストを彼が見る」ことへとセラピストとの関係を彼自らが発展させるという過程を経た事例を別稿[31]で提示しているが、この過程こそ、他者の視点の内在化の過程と言えよう。ここには、セラピストにおいて、これが彼だという確認、すなわち、まさしく彼の存在の「肯定」がある。彼は、この過程において、彼の存在の「肯定」を取り入れた。

同様のことが、まだ立つこともできない乳児が、母に抱かれて、鏡に映ったみずからの像を見るときにも起こっている。鏡のなかで乳児を抱いている母親の像と自分を抱く母の眼差しを、見比べつつ、鏡のなかの、母以外のもうひとつの像を見るとき、それは自分の姿であるという認識に至るであろう。母を参照することによって、みずからの姿に出会うことができるのであるが、ここにも、「母の眼差し」による肯定がある。このことは、鏡においてのみ生じることではない。むしろ、本来的には、母の顔、母の眼差しこそ、乳児の姿を映し出す鏡となる。喜びをもって乳児を見つめる母の顔は、乳児に自らの存在を良きものとして映す鏡となろう。反対に、悲しげな母の顔は、乳児をしてみずからの存在を消え去らせたくさせよう。人間の自己の肯定には、それに先立って、他者による「肯定」がある。このいわば、原初的な次元における他者の「肯定」がないとき、自己は定位されない。

しかしながら、この他者の「肯定」を受け入れるということは、抑圧の過程に入るということでもある。なぜなら、われわれが人間になるということは、まず「他者」になるということだと、言えるからである。いまだ、自分の身体の全身をとらえられず、手や足というばらばらな存在としてしか自らをとらえることができていない乳児にあって、現前する全体像としての母の姿、あるいは、他者としての鏡像の姿は、まさしく乳児の不完全性を補う理想の姿となる。乳児は喜んでこの他者の理想像に同一化する。このようにして生まれた自己像は、理想の他者像への同一化という出自の当然の結果として、そこに存在そのものとしての〈私〉の疎外を必然的に伴う。人間形成はこのような存在そのものとしての自己疎外を学びつつなされるのであり、ここに、抑圧が介在し、人間としての苦悩が生まれる。それは存在そのものとしての自己との出会いを求めた苦悩である。しかし、この道こそ象徴化の道であろう。

他方、人間が、他者の視点を介在させず、鏡のなかにみずからを埋没させるならば、他者への開けが生じず、いわば自己完結した世界のなかに閉じ込められることになる。

先に示した自閉症児の事例において、鏡映と戯れていた現象は、他者による「肯定」がいまだなく、したがって、自己もそのようなものとして定位されていない状態にあって、鏡の像への完全な没入が生じていた状態といっても良かろう。水に映るみずからの姿に憧れて、湖に身を投げたナルシスのように、である。この、鏡像か自分か、あれかこれかの双数関係においては、鏡像の位置を自分のものにしない限り、自己は存在し得ない。ここでは、鏡像という他者との共存はもたらされない。

迫害妄想における迫害者は、鏡像が自己から離れ、自己の位置を奪おうとするものとして現れてくるのであって、この鏡像段階の次元の障害の産物と考えられるのである。また、近年、同じような年代の間において、それまですべての行動を共にしていたような非常に仲の良かった友人に対して、常識では考えられないような攻撃性が発現するという事象が生じているのも、この双数関係における攻撃性にその源があると考えられよう。しかも、そこにはしばしばラカンの言う「寸断された身体」の心像が見られることが多いが、それは、この次元が問題となっているからであると考えられる。自己の「肯定」が根源的に欠如しているために、他者か、自己か、どちらかしか生き残れない切迫した状況がそこにある。

7　主体の他律性と無意識的罪悪感

本論で取り上げてきた精神病の症状には、徹底した「主体の他律性」が顕にされた在り方が認められる。しかしながら、この「主体の他律性」こそわれわれ人間の本質であることがこれまで述べてきたことで明らかになったであろう。われわれ人間は他者の「肯定」を拠り所として生きているといえるのである。

しかしながら、精神病を病む人の話を聞くと、彼らの多くが、生きる拠り所となるこの「肯定」の基盤を、なにゆえか、成立させることができずにきたように思われる。したがって、彼らは、早くから自立を目指す場合が多いが、それは、自己の肯定の場を、どこか外の世界に求めているがゆえであろう。しかしながら、それは、砂のうえに家を建てることに等しいものとなり、破綻を来す。

この肯定の欠如は、すでに述べてきた、彼らの自我が、「自分を守る」ためにその「堪えがたい表象」を外に放り出すことをもたらすが、筆者は、この「堪えがたい表象」が、堪えがたいのは、彼らの無意識的罪悪感を喚起することにおいてであろうと考えている。しかしながら、ここで無意識であるということは、罪悪感を感じることができないということである。したがって、自我には異質なものとして外から返ってくる。

たとえば、友人たちの中で一人、親世代の擁護に回り、自分たち子ども世代の甘えを強く責める発言をしていた若い青年は、発病によって、他人が、親にすりかわっているという「カプグラ症候群」とそのすりかわった親による被害妄想を生じ、このすりかわった親に対する恐怖を訴えるに至った。このような親に対する深い不信の念は、妄想という外の事象との出会いにおいて、はじめて表明することができたのである。

また、近隣や知人から多額の寄付をするようにとの合図に苦しめられるという敏感関係妄想に振り回された主婦は、かつて起こった家業の仕事上の小さな金銭トラブルがきっかけとなって、みずからを責め続けてきたと考えられた。彼女は、夫に対する不信を募らせていたのであろうが、それに対応する寄付が強要されるという外界からやってくる形において、はじめて夫にそれを訴えることができたのである。少量の薬の助けも借りながら、夫との関係や家族についての心配事を語る過程を経て、この妄想は消失した。

さらに、被害感をともなう強い対人恐怖症状で苦しんできた女性の場合を考えよう。彼女が、長い過程を経て、病状が安定し、仕事に就くことができたときのことである。そこで既婚男性と知り合った。その男性との関係が支えにもなってか就労は数年にわたって続けられた。最初から、少なくとも意識的には、彼女はその男性との結婚が可能であるとは考えてはいなかったのであるが、自分の結婚について現実的に考える時期がきて、改めて結婚することができないという相手の態度を前にしたとき、彼女の病状は急速に悪化した。やくざに捕まえられ、外国に売り飛ばされる、あるいは、淋しい皇太子を慰めるために連れていかれるという迫害妄想をもつにいたったのである。この妄想には、男性の身勝手な態度に対する彼女の、引き裂かれるような思いが見られる。このとき彼女がその男性に対して抱いた思いはまさしくこの妄想のようなものであったのだろう。そこには、女性としての彼女に惹き付けられる彼に対する愛と彼女を自分の慰みのために利用している彼に対する憎しみの両価的な思いの葛藤がある。彼女にとっては、この愛する男性を同時に憎むことは堪え難いことであったのが、この妄想を通じて筆者にひしひしと伝わってきた。

この堪え難さゆえであろう、彼女は、テレビや新聞にさまざまな事件や事故が報道されるたびに自らの行動を責めた。あの事件が起こったのは自分のせいだと言うのである。たとえば、自分がお茶を飲んだときに、あの事件は起こった。自分がお茶を飲んだので、事件が起こったのだと言うのであった。このような関係妄想のために、彼女は日々の行動にさえ支障をきたすほどであった。

彼女は、それまでも事件や事故を当事者のように悲しめず、むしろ、それらに興味を引かれ、楽しんで見てさえいる自分を責めていた。自分のなかに生じてくる悪とも言えないほどのわずかの悪をすら、みずからに許すことができないこのようなクライエントにとって、男性に対する怒りや憎しみ、そして、その前提となった愛は、事件や事故の責任をとらねばならないはどの大きな罪と感じられていたのであろう。

それゆえ、これらのすべてがそのまま外からやってくることになった。迫害妄想に脅かされ苦しんだ彼女は、ずっと後になって、このような病状になることによって、やっと彼と別れることができたと述べるにいたっている。

また、何度かの再発を乗り越えてきたあるクライエントは、いまだ妄想にさらされていた時に、「なぜ私は自分がしてもいない悪いことをしたように見せるのか」と、筆者に、自分の異常さを訴え、問うたことがある。急性期の混乱状態のなかで、ものを盗ってもいないのに、万引きをしたと叫んでしまったり、上司の飲み物に異物を入れた振りをしてしまったというのである。「自分を責めているように思う」という筆者の言葉に、クライエントも、「こんな自分をメチャクチャにしたかった」と語った。

これらのクライエントにおいては、妄想を介することによって、根源的な自己否定や無意識的罪悪感に対応する処罰が実現されている。なお、急性期の後にくる抑鬱期には自殺の危険性も生じるので、慎重な支えが必要となる。

フロイト(85)も、若者の犯罪のなかに、この無意識的な罪悪感が動機となっている場合が少なくないことを示したが、さらにラカン(86)は「エメの事例」の分析を通して、この事例に「自罰パラノイア」という名称を与えることを提案している。エメは三八歳の女性である。彼女は、日常的にはかかわりのない、ある女優を、自分の息子を殺そうとしているという妄想によって、刃物で切り付ける行為に及んだ。しかしながら、「投獄されて二〇日目に突然、さまざまな主題をもつ妄想によって顕在化したこの精神病が治癒した」という。しかも、この治癒は、犯行直後には起こっていない。また、犯行そのものは大事に至らず、むしろ失敗であった。すなわち、犯行の実現によって妄想が消退したのではないことにラカンは注目し、家族全員が自分を非難し、見捨てるのを確認することができたとき彼女の妄想は消えたと考えたのである。彼女自身が自分を打ちのめしたのである。こうして彼女は、自らの処罰を「実現した」。これによって、彼女は安らぎと妄想の突然の消退とを体験したのであった。それゆえ、ラカンは、自分を罰するために、妄想が生じたと考えて、この事例を「自罰パラノイア」と呼んだ。

8 心理療法に向けて

精神病圏の心理療法においては、これまでに述べてきたことで明らかにしたように、排除によって欠如している彼らの「肯定」を補うという視点が必要であると考えられるだろう。精神病圏の病の根底には、根源的な自己否定があった。

たとえば、先にあげた、定年まで勤めあげたクライエントは、筆者が面接する前には入院による休職がしばしばあったが、その時期は、当時彼の担当であったセラピストの長期休暇や退職の時期等とはっきりと重なっていた。それほどそのセラピストの存在が彼を支えていたということである。しかし、その後、筆者と面接を続けた一〇年間においては、それが定期的になされたことによって休職にいたることはなくなった。何度か危機的な状態は生じたが、彼自身が、病状の悪化を自ら察知し、薬を安心して飲めなくなってきていることなどその心のうちを筆者に伝えることによって、それ以上の悪化を食い止めることができたのである。このような危機は、必ずといって良いほど、上司の交替などなんらかの環境の変化があったときに起こっている。この環境の変化によって喚起された彼の不安、そこから生じる周りの者に対する不信を、手遅れにならないうちに「肯定」に変えるという作業を二人でやってきたのであった。この作業が可能になったのは、彼が、早い時期に、自分の病状の変化を筆者に伝えたからである。これが少しでも遅れると、病勢の進行は止めることができない。彼との共同作業が出来たのは、彼には、妄想が完全に消える時期があったからである。それゆえ先に述べたように彼についての医師の診断は、統合失調症であるが、筆者は、非定型精神病と捉えたほうが良いのではないかと考えている。

筆者は、とくに、この非定型精神病においては、定期的な面接を続けていると、クライエント自身が、自分のなかに生じつつある変化をセラピストに確実に訴えてくるように思う。彼らにあっては、とくに急性期、妄想の他者に翻弄され、何を信じて良いのか分からない状態になる。しかし、この急性期にあっても、それまでに信頼できる治療関係が確立しておれば、彼らは、妄想の中で他者に翻弄されている状態を訴えてくる。あるいは自分の異常さを訴えてくる。他者に翻弄されまいと、必死になって頼るべき「肯定」者を求めるのである。当初は混乱した内容であっても、何度も聞いているとそこに起こってきていることがわれわれにも捉えられてくる。彼らが、内界から放り出さざるをえなかったものが見えてくる。そこには彼らの社会との「つながり」を希求する健康な部分が必ずある。それを「肯定」していく作業が、彼らを現実に引き戻す助けになるように思う。

筆者と心理治療関係にない者からも、このような急性期に、家族も治療者も信じられなくなって助けを求められることがある。まわりの身近な人間に、妄想を語れば語るほど、その異常さが周囲を不安にさせ、彼らの不安はさらに高まる。そのなかで、しばしば彼らはそれを治療者に受けとめられないがために、その治療者との関係を切ってしまうことがある。時には治療者さえ妄想の対象になってしまっている場合もある。また、薬が増えることを嫌い、妄想を医師に語らない場合もある。このような象徴化の構造の破綻が著しい急性期には、彼らのペースに合わせて、「肯定」の補塡をする人間が必要となる。彼らのペースに合わせてというのは、この時期彼らは、妄想内容を語り続けることが多いが、彼らが語るかぎりは、それを聴くことが必要だということである。とくに、急性期こそこの作業が必要であると筆者は感じている。この時期には、彼らが、かつては決して見せなかった側面をそこに現す。この時期を過ぎると、彼ら自身もはやそれを語ることはなくなる。否、語る以前にまるで感じることもないようになる。

したがって、精神病圏の心理療法においては、まず右に述べてきたような「最初の肯定」を補う機能がセラピストに求められよう。われわれはこのことを充分認識して、心理療法に臨むことが必要であろう。

9　家族との関係、社会との関係

ここでは、これまでに述べてきた観点から、家族との関係、社会との関係について、若干触れておきたい。

(1) 家族との関係

現在の精神保健福祉法は患者の人権を守るために、かつての精神衛生法を何度か改正して生まれてきたものであるが、この規定に基づく医療保護入院とは、病識がない患者を家族（保護者）の同意のもとに入院させる制度である。精神病の患者の場合、ほとんどがこの医療保護入院である。したがって、退院もまたこの家族の同意が必要になる。

妄想によって家人等に乱暴し、医療保護入院となった患者の場合、病状が改善されても、退院にいたるのは難しいことが多い。家族のない単身者は、自己や他人を害するおそれがない限り退院できるが、家族があると、妄想が消退しても、家族が退院を受け入れないということが起こる。しかし、家族の協力が得られないままに退院したならば、家族との葛藤が生じ、すぐに、状態の悪化、妄想の再燃をきたす可能性が非常に高くなる。そのため入院が長期化する。家族の態度によって、再発率に大きな違いがあることはすでに明らかにされているところであるが、本論で述べてきたような、患者における、肯定の欠如という点から考えるならば、その原因はともあれ彼らがそこで育ってきた過程でこの肯定を獲得することが不可能であったのであるから、家族と彼らとのかかわりにおいて肯定がなかった、つまり両者のつながりがなかったと言わざるをえない。それゆえ、患者の病勢は落ち着いてきても、家族が納得しないために長期入院が続くという、家族と患者とのまったく心の切り離された事態が生じる場合があるのも、当然のことでさえある。他方、自宅で懸命に彼らを支えている家族も多い。その場合、その状態像は確実に安定してくる。

いずれの場合においても、妄想を含む病気についての家族への説明が非常に大事になってこよう。

すでに述べたように、急性期に、妄想に翻弄されている患者の恐怖や不安は妄想を語るということで表明されうる。多くの場合、そこでは、同時に、その患者を家族が恐れ、患者の恐れはさらに増幅されるという構造ができあがってしまう。それは、病気を排除する構造である。現在の薬物治療中心の精神医療も、この病気を排除する構造に則っている。しかしながら、排除するとき、それは必ず外からやってくることをわれわれは患者の妄想から教えられたのである。病気を排除しないためには、個々の患者の妄想そのものを大事に扱うことがなによりも重要となってこよう。そして、それらの症状が、患者の「主観症状」として説明されていることに見事に現れているように、妄想の出現をいち早く知るのは患者自身である。それゆえ、患者の妄想を、不自然なこと、了解不能なこととして片付けるのではなく、その病的体験と患者白身がつながる道を模索することこそが求められているのではなかろうか。そして、家族が少しでも安心して患者の妄想と付き合えるためにも、患者の妄想の理解をわれわれは深める必要があろう。

(2) 社会との関係

病的観念によって、他者を傷つけたが、精神鑑定によって、法の制裁を免れ、精神病院へ措置入院となった入院者のなかに、自分は法の制裁を受けるほうが良かったという者がひとりならずいる。法の制裁を受けるほうが、刑期も明確であり、その刑期を終えれば社会に出ることも可能であるというのである。措置入院は、自傷他害のおそれがなくなれば、措置は解除されるが、それがすぐ退院につながることはない。退院になって、万が一でも同じような事態が生じることがないよう、退院には病院も非常に慎重にならざるをえない。

家族もまた同じ気持ちである。こうして、本人にとってはいわば無期懲役に等しい入院が続くことにもなる。筆者は、本論で、精神病の根底にある、自己否定、無意識的罪悪感について触れたが、彼らの法の秩序を破る行為に対しては、それに合致した法の制裁を受けることが彼らの正当な「権利」ともいえるのではなかろうかと考えている。「病気」であるからという理由で裁きを免除され、特別扱いをされているようでありながら、この扱いは、まさしく「特別扱い」であって、彼らの主体性を尊重していないといわざるをえないのである。退院の可能な時期をいつにするかの検討においては、再発の可能性についてはさまざまな要因がそこに作用してくるのであって、再発の可能性の完全な否定がなされたうえでの退院はありえない。それゆえ、病院や家族の「責任」が問われる事態が生じることを回避するために、患者は明確な基準を知らされないままおそらく永久に閉鎖病棟に入院することにもなるであろう。

言うまでもなく、このことについては、慎重な検討を要するが、その検討も、彼らの妄想に関する研究なくして行なえない。

第11章　心理臨床の研究——普遍性といかに出会うか

・初出「心理臨床の研究——普遍性といかに出会うか」（二〇〇三）

1　はじめに

心理臨床の研究について、かつて筆者は次のように記した。「臨床心理学の研究は実践のための研究であり、同時に実践を基盤として初めて可能となる。この実践はやり直しの不可能な一回限りの、しかも個々の実践に固有のものであるので、毎回の実践そのものが常に慎重な検討を必須とするのであり、こうした実践を基盤とした検討の積み重ねが研究となる。この過程が深く推し進められていく時、そこに普遍的な現象が現れ出てくる。このような中から普遍的な理論も生まれ、その理論はまた、必ずや実践に還元される」[87]。

厳密にいうなら、普遍性はすでに毎回の実践のなかに現れている。したがって、この普遍性といかに出会うかということが、実践と研究の中核になるといえるだろう。

このような普遍性との出会いはどのようにして可能であるか。以下に述べていきたい。

2　普遍性は個の固有性の極まれるところに現れる

かつては、一例のみを取り上げた事例研究に対して、普遍性がないとの批判があった。このような誤解はいまだにあるかもしれない。しかし、筆者は、まったく反対に、普遍性は個の国有性の極まれるところにこそ現れると考えている。心理臨床の研究が事例研究を中心とするのはそれゆえであろう。言うまでもなく、心理臨床の研究は事例研究でないといけないということではない。しかしながら、多数の協力者を対象にした調査研究等の場合であっても、個の固有性をどのように汲み取るか、また、出てきた結果を、単なる平均や比較としてではなく、個々のデータの集約としてどこまで深く読み取ることができるかが研究の成否を左右するであろう。したがって、こうした研究法をとる場合でも、一個としてのクライエントとともにある心理臨床実践が研究者の基盤にあることによって、そこに普遍的な視点がもたらされる助けとなると筆者は考えている。

筆者は、これまでに出会ったクライエントのすべてにおいて、個の固有性の極まれるところに普遍性は現れるということを体験したと言っても過言でないように思う。

まず、最初のころの体験を述べる。筆者の心理臨床は、言葉をもたない子どもや対象関係に障害があると思われた子どものプレイ・セラピーから始まった。一九七〇年代のことである。当時の日本では、主に関係性の軸からプレイ・セラピーが考えられていた。たしかに、言葉の獲得や対象関係に障害のある子どもの状態はセラピストとの関係が深まるにつれて改善されたのであるが、そこに生じていることについて、重要なもう一つの軸があることに筆者は気付かされていった。それは〈私〉の発見という軸である。子どもは、セラピストとの出会い、つまり、他者の発見において、そこに〈私〉を発見する。このことに注目したのは、プレイ・セラピーの場で、これらの子どもたちが、セラピストの存在を介して自己の身体イメージを獲得する遊びを行なう体験をしたことによってであった。それは子どもたちが自ら見出したそれぞれの方法で行われた遊びであった。

たとえば、来談当初、常同的な遊びばかりをしていたA児（三才）は、セラピストとの関係が生まれるとともに、次のような遊びを始めた。まず、セラピストの手を引っ張って行き、プレイルームの一方の壁に面して置かれたオルガンの前の椅子に座らせ、手足の位置も指示してセラピストにオルガンを弾かせた。プレイルームの反対の壁には机があった。Aはその机の上に玩具棚から持ってきたピアノを置き、椅子もその前に運んで、セラピストに背中を向けて座り、背中越しにセラピストを振り返って見つつ、セラピストとまったく同じようにピアノを弾いた。つまり、セラピストは丁度鏡に映ったAの鏡像のような姿になったのである。この遊びは、六セッションにわたって続けられた。[17]

また、B児（四才）の遊びは次のようであった。ボールを2個取り、一つをセラピストに持たせた。次に、ヘルメットを二個取り、一つをセラピストに被せ、もう一つを自分が被った。野球のようであるが、決して、ボール遊びにはならなかった。セラピストがボールをBに投げようとすると、Bも同様にボールを手放した。必ずセラピストがBと同じ格好になることを求めたのである。この遊びは、後の回には次のようなものに発展した。セラピストに白墨を持たせ、自分の足形や手形を取らせ、さらに床に寝転んで、全身の姿を縁取ることを求めた。セラピストがその身体に沿って白墨を走らすのを喜んで待ち、ついに完成すると、嬉々としてその床に描きだされた自分の姿を見つめた。その後、自分と同じ姿の人形を粘土で造り、自分を指差し、「Bちゃん」と自分の名前を初めて言った。[31]

ここでは二人の子どもの遊びを取り上げたが、同じような状態にあったその他の子どもたちも、セラピーが進むと、セラピストに自分の鏡像のような行動をとらせる遊びを行なうにいたることが多く見られた。このような遊びと平行して言葉が生まれ、対象関係の障害も改善された。その遊びはそれぞれに異なっていたが、この遊びを通して彼らは〈私〉という固有の存在と出会っていったと考えられた。筆者はこれを「鏡像遊び」あるいは「鏡像様遊び」と呼んだ。それは多くの場合、この遊びが視覚的な次元での自己像の把握をもたらす遊びであったからである。

次いで、筆者は神経症圏の子どもたちとの心理臨床の場をもった。そこで出会った一人の少女に、場面緘黙を理由に小学校から紹介されて来談したC子がいた。(88) 彼女はプレイルームに入っても自分からはまったく何もすることができず、石のごとくじっとしていた。二回目のセッション、屈み込んでじっとしているC子に、下肢が痛かろうと思い、「ここに座らない?」と、畳に腰を下ろすことを勧めた。セラピストと並んで座ったC子はそのうち、セラピストにもたれて深い眠りに陥っていった。それまでの緊張がすっとなくなったようであった。三回目、前回と同様に、C子とセラピストは並んで畳に腰を下ろした。すると、目の前の床に箱庭用の小さな犬が転がって落ちていた。セラピストはそれを拾い、床に立てようとした。が、何度試みても巧くいかない。次いでC子がその犬に自ら手を伸ばし、立てようとした。犬はすっと、一度で巧く立った。この偶然の出来事から、セラピストは、C子が犬好きであり、犬を飼っていることを知った。しかもC子は、セラピストの問いに答えて、飼い犬の名を教えてくれた。プレイルームでの初めてのC子の言葉であった。次回、C子は、犬の絵を描き、さらに後には、セラピストに見せるために犬を連れてこようとした。半年後、C子は学校でも話ができるようになり、担任の手伝いもしたと嬉しそうに報告され、終結とした。

このプレイルームは掃除が行き届いた部屋であった。その部屋に箱庭の玩具の犬が、二人が並んで座った目の前の床に落ちていたのは、後から思えば非常に不思議であった。しかも、この偶然から、セラピストはC子の心の世界に触れることができるようになったのである。このような「共時的」ともいえる意味深い一致の現象は心理治療の場ではよく体験される。ユング派のマイヤーは、転移において生じている過程は因果論的には理解できないと考えて、「共時的現象[89]」として捉えている。

以上、二つの例を挙げたが、これらこそ個の固有性の極まれるところであったと思う。同時にそれはまさしく普遍的な現象であった。そして、それを可能にするものが心理臨床の場であるといえるだろう。筆者の自閉症論[31]や転移論[34]はこのような心理臨床実践における普遍性との出会いから生まれてきたと考えている。しかし、そこには手がかりが必要であった。

3 普遍性との出会いの手がかりを与えるもの

初心の者にとっては、普遍的な現象をそのようなものとして認識することがまず難しい。そこには手がかりが必要である。

普遍性との出会いの手がかりを与えると筆者が考えている第一のものは、心理臨床の場においてクライエントの言葉を聴くことである。ここで言う「言葉」とは、表に現われた言葉のみを意味しているのではない。先に述べたような、言葉をもたない子どもの言葉なき言葉をも含んだものである。このようなクライエントの言葉の深奥には、さまざまな困難を抱えて来所した彼らの問いがある。われわれの研究の原点はこの問いである。しかしながら、この問いに答えを出すことはわれわれの力量を遥かに越えている。われわれができるのはただひたすらクライエントの言葉を聴くのみである。そのとき、答えはクライエントのなかに現れてくる。「鏡像遊び」を導きだしたのが子どもたちであったように、また、目の前の犬をC子が自ら立てたようにである。むしろ、セラピストは、クライエントにもたらされた答えによって、初めて彼らの問いの奥深さを知らされるとすらいえるように思う。

次いで第二に、普遍性との出会いの大きな助けとなるものとして、先達の見出した心理臨床の理論の重要性を指摘しておきたい。フロイトやユングをはじめとする先達の理論は、クライエントの問いを問い続けた中から生まれてきたものであろう。筆者が子どもたちの「鏡像遊び」の普遍的な重要性に気付かされたのも、ラカンの「鏡像段階」論によってであった。「鏡像遊び」という命名にはその意味が込められている。ラカンは「鏡像段階」という概念によって、〈私〉の生成の契機を示し、身体的にはまだ未熟な六～一八ヵ月の子どもが鏡のなかの自己の姿と喜んで戯れる現象に、「優れて心的関係であるところの同一化」[20]が生じていることを見て取った。彼の論は、主に成人のパラノイアの研究や動物生態学に負うており、彼自身は、子どもの心理療法は行っていないので、この段階の通過に困難をもっている子どもがどのような過程を経るかは明らかにしていない。筆者との間で子どもたちが行った「鏡像遊び」は、この「鏡像段階」の通過が困難であり、混沌とした状態にある子どもたちが、その通過を可能にされる遊びであることを明らかにするものとなったが、それは筆者が、クライエントと理論研究の両者から教えられたことであった。普遍性との出会いはこのようにしてもたらされるのではなかろうか。

4 おわりに

心理臨床の研究とは、クライエントの問いをセラピストが問い続けることであろう。上で、先達による理論研究の重要性を述べたが、理論が先にあるのではない。理論にクライエントを当てはめるのではない。理論の引き出しを持ちつつ、クライエントの言葉をひたすら聴くならば、壁にぶつかった時、理論が助けを与えてくれる。こうして研究は深められていくように思う。

心理臨床の研究は常に時代の新たな要請に「広く」応えていくものとなろう。このような「広さ」は、本論で述べたような「個」の固有性にこそ普遍性が現れるということを忘れさせる危険性をもつ。このことを看過せず、一人ひとりのクライエントの言葉を聴くという心理臨床の本質的在り方を大事にしたいと思う。

あとがき

本書は、既述のとおり、一九九〇年から二〇〇〇年頃までの論文を中心にまとめたものである。今、これらの論文を読み返して感じるのは、心理療法に対する非常に慎重な態度である。このような慎重さは、当時はとくに難しい状況に置かれていたクライエントとの面接をしていた時であったからであろうと思う。とりわけ、こうしたクライエントは、精神科医から依頼された場合が多かったので、一方で、医師の支えがあるがゆえの安心感はあったのではあるが、他方、精神科医の病的側面を重視する見立てに影響されていたことも否めなかった。しかしながら、それゆえにこそ、精神医学的には良くなる可能性はなく、生命を維持するのが最低限できることと考えられていたほどの重症とされたクライエントとの面接において、筆者は、みずからの心理臨床の専門性をかけて、彼らの主体性の回復に向けて慎重に心理療法を行っていたのであった。それは、クライエントとの面接において、彼らの困難を長期にわたって共有する他者がいれば、その道を歩むことができるとの実感を得ていたからであった。

それからさらに長い年月を経た現在、それをやり抜いてきて、改めて思うのは、慎重さが必要なのは言うまでもないが、それ以上に重要なのは、クライエントに対する信頼感であった。慎重さと信頼感は不即不離なのである。しかし、本書に書いたような慎重さは、もしかすれば誤解して受け取られ、自分の手には負えないとして、セラピストが初めから逃げの姿勢になってしまうことも危惧される。こうした重症例は、臨床心理士ではなく医師の仕事だ、あるいは自分は経験が少ないから他の機関にリファーした方が良い等々ということが生じかねないのであるが、そうした態度では心理療法は行えない。しかしながら、長年の過程をクライエントとやり抜いてきて、驚きすら感じるのは、クライエントに内在していた力と心理療法の場の力の想像を遥かに越えた大きさであった。臨床心理士としての筆者のそれらへの信頼こそが、心理療法を進めてきた要因であったといえよう。

さて、本「心の宇宙」シリーズは、文部科学省二一世紀ＣＯＥプログラム「心の働きの総合的研究教育拠点」に関わる教員によって企画・執筆されたものである。文科省からこのＣＯＥの募集があった際、京大心理学教官連絡会において、筆者は、心理臨床の観点から以下の案を提示した。「全体的存在としての人間」への多様な観点――「私」の生成と教育・人間の生死と倫理・社会制度と逸脱・人生の価値と就労等――からのアプローチを総合した案である。そこに、実験心理学からの提案が付け加わり、ＣＯＥ案が作り上げられた。本書で書いてきたような人間理解がＣＯＥの研究の基盤になったことは、誠に嬉しいことである。
本書の諸論文については、他の出版社から出版依頼がきていたが、以上の趣旨から本シリーズに収めさせていただくことにした。ご了承いただいた出版社にお詫びと感謝を申し上げたい。その後、京都大学を退職し、すぐに学習院大学教授に就任したという経緯があり、「はじめに」と本文は、数年前に出来上がっていたにもかかわらず、最後の文献リストの整備の時間がなくて、今日にいたってしまった。辛抱強くお待ち頂いた京大出版会の鈴木氏・高垣氏のお支えに深く感謝申し上げたい。

二〇一一年八月　　京都にて

索　引

参考文献

（1） Freud, S.（1940）*Abriss der Psychoanalyse.* S. Fisher, Verlag.（小此木啓吾訳「精神分析学概説」『精神分析療法』フロイド選集 第15巻，日本教文社，1969）

（2） Jung, C. G.（1931）Problems of Modern Psychotherapy. In *Collected Works*, Vol. 16.

（3） Freud, S.（1937）*Die endliche und die unendliche Analyse.* S. Fisher, Verlag.（馬場謙一訳「終りある分析と終りなき分析」『フロイト著作集6　自我論・不安本能論』人文書院，1970）

（4） Jung, C. G.（1946）*Die Psychologie der Ubertragung.* Princeton University press.（林道義・磯上恵子訳『転移の心理学』みすず書房，1994）

（5） Jung, C. G.（1968）*Analytical Psychology : its Theory and Practice.* Routledge & Kegan Paul, Ltd.（小川捷之訳『分析心理学』みすず書房，1976）

（6） Freud, S.（1900）*Die Traumdeutung.* S. Fisher, Verlag.（「高橋義孝訳『フロイト著作集2　夢判断』人文書院，1968）

（7） Lacan, J.（1964/1973）*Les quatre concepts fondamentaux de la psychanalyse.* Le Seminaire XI, Seuil.（小出浩之他訳『精神分析の四基本概念』岩波書店，2000）

（8） Novic, J. & Novic, K.（2006）*Good Goodbyes : Knowing How to End in Psychotherapy and Psychoanalysis.* Jason Aronson.

（9） 伊藤良子（2004）「精神分析的アプローチ」『臨床心理面接技法1』臨床心理学全書8，伊藤良子編，誠信書房.

（10） Freud, S.（1909）*Bemerkungen über einen Fall von Zwangsneurose.* S. Fisher, Verlag.（小此木啓吾訳『強迫神経症の一例に関する考察』フロイド選集16，日本教文社，1969）

（11） Freud, S.（1895）*Studien über Hysterie.*（懸田克窮訳「ヒステリー研究」『フロイト著作集7　ヒステリー研究，他』人文書院，1974）

（12） Freud, S.（1912）Ratscläge für den Arzt bei der psycoanlytischen Behandlung. S. Fisher, Verlag.（小此木啓吾訳「分析医に対する分析治療上の注意」『精神分析療法』フロイド選集15，日本教文社，1969）

（13） Freud, S.（1905）*Bruchstück einer Hysterie-Analyse.* S. Fisher, Verlag.（懸田克窮ほか訳「あるヒステリー患者の分析の断片」『フロイト著作集5　性欲論　症例研究』，人文書院，1969）

（14） Richards, A. ed.（1979）*Case histories II. 'Rat Man', Schreber, 'Wolf Man', Female*

Homosexuality, The Pelican Freud Library Vol. 9.

(15) Jones, E. (1961) *The Life and Work of Sigmund Freud*. Basic Books Publishing Co., Inc.（竹友安彦ほか訳『フロイトの生涯』紀伊國屋書店，1969）

(16) Lacan, J. (1966) *Ecrits*. Seuil.

(17) 伊藤良子（1985）「子どもの心的世界における『父』と『母』——ことばをもたらすもの」『心理臨床ケース研究 3』誠信書房.（同論文において，子どもの治療過程が，遊びを媒介として，「横軸」の治療関係から「縦軸」の治療関係へと発展し，深まって行くことに注目した.）

(18) Winnicott, D. W. (1952) On Transference. *The International J. of Psychoanal.*, Vol. 33 : 433–438.

(19) Bion, W. R. (1970) *Attention and Interpretation*. Karnac Books.

(20) Freud, S. (1913) *Zur Einleitung der Behandlung*, S. Fisher, Verlag.（小此木啓吾訳『分析治療の開始について』フロイド選集 15，日本教文社，1969）

(21) Gardiner, M. (1971) *The Wolf-Man by the Wolf Man*. Basic Books.

(22) Freud, S. (1918) *Aus der Geschichte einer infantilen Neurose*, S. Fisher, Verlag.（小此木啓吾訳「ある幼児期神経症の病歴より」『フロイト著作集 9 技法・症例編』人文書院，1983）.

(23) Brunswick, R. M. (1928) A Supplement to Freud's "History of Inrantile Neurosis". *International Journal or Psycho-Analysis*, 9 : 439–476.

(24) Hirschmü11er, A. (1989) *The Life and Work of Josef Breuer : Physiology and Psychoanalysis*. NY Univ Press.

(25) Freud, S. (1932). *Briefe. 1873–1939*, S. Fisher, Verlag.（生松敬三ほか訳『フロイト著作集 8　書簡集』人文書院，1974）

(26) Freud, S. (1925). *Selbsdarstellung*, S. Fisher, Verlag.（懸田克躬訳『自らを語る』フロイド選集 17，日本教文社，1969）

(27) Ellenberger, H. F. (1970).（木村敏・中井久夫監訳『無意識の発見 下』弘文堂，1980）

(28) Bender, L. (1946) There Is No Substitute for Family Life. *Child Study*. 1945–1946 Vol. 23.

(29) Klein, M. (1930) The Importance of Symbol-formation in the Development of the Ego. *Writings of Melanie Klein. 1921–1945.*

(30) Freud, S. (1926) *Hemmung, Symptom und Angst*. S. Fisher, Verlag.（加藤正明訳『制止・症状・不安』フロイド選集 10, 1969 日本教文社）

(31) 伊藤良子（1984）「自閉症児の見ることの意味――身体イメージ獲得による象徴形成に向けて」『心理臨床学会』第1巻2号.
(32) 高石恭子（1996）「風景構成法における構成型の検討」『風景構成法とその彼の発展』山中康裕編，岩崎学術出版社.
(33) Buhler, C.（1921）*Das Seelebendes Jugendlichen.*（原田茂訳『青年の精神生活』協同出版，1969）
(34) 伊藤良子（2001）『心理治療と転移――発話者としての〈私〉の生成の場』. 誠信書房.
(35) Sullivan, H. S.（1953）*Conception of Modern Psychiatry.*（中井久夫ほか訳『精神医学は対人関係論である』みすず書房，1990）
(36) 千秋佳世（2002）「自我体験の研究――PAC分析を応用した試み」京都大学教育学部卒業論文.
(37) 西村洲衛男（2004）「自我体験とは」『〈私〉という謎――自我体験の心理学』渡辺恒夫・高石恭子編，新曜社.
(38) 千秋佳世（2005）「自我体験をめぐる語り――「つながり」と「へだたり」という視点からの考察」京都大学大学院教育学研究科修士論文（未公刊）.
(39) 田畑洋子（1985）「"お前は誰だ！"の答えを求めて」『心理臨床学研究』2(2)：8-19.
(40) 伊藤良子（2005）「遊戯療法の場から見えてくる子どもの今」『遊戯療法と子どもの今』東山紘久・伊藤良子編，創元社.
(41) 山下景子（2001）「想像の仲間」『魂と心の知の探求――心理臨床学と精神医学の間』山中康裕監修，創元社.
(42) 山口智（2006）「想像上の仲間に関する研究――二つの発現開始時期とバウムテストにみられる特徴」『心理臨床学研究』24(2)：189-199.
(43) 武野俊弥（1994）『分裂病の神話』新曜社.
(44) Freud, S.（1909）*Bemerkungen über einen Fall von Zwangsneurose.* S. Fisher, Verlag.（小此木啓吾訳『強迫神経症の一例に関する考察』フロイド選集16，日本教文社，1969）
(45) Freud, S.（1894）*Die Abwehr Neuropsychosen.* S. Fisher, Verlag.（井村恒郎訳「防衛-神経精神病」『フロイト著作集6　自我論・不安本能論』人文書院，1970）
(46) 成田善弘ほか（1974）「強迫神経症についての一考察」『精神医学』16(11).
(47) Salzman, L.（1968）*The obsessive personality.* Jason Aronson.（成田善弘ほか

訳『強迫パーソナリティ』みすず書房，1985）

（48） Freud. S.（1924）*Dasokonomische Problem des Masochismus.* S. Fisher, Verlag.（井村恒郎ほか訳「マゾヒズムの経済的問題」『フロイト著作集 6　自我論・不安本能論』人文書院，1970）

（49） Freud, S.（1923）*Das Ich und das Es.* S. Fisher, Verlag.（井村恒郎ほか訳「自我とエス」『フロイト著作集 6　自我論・不安本能論』人文書院，1970）

（50） Klein, M.（1932）*The Writings of Melanie Klein Vol. 2. The Psycho-analysis of children.* Hagarth Press.（衣笠隆幸訳『メラニークライン著作集 2　児童の精神分析』誠信書房，1997）

（51） Kraepelin, E.（1913）*Psychiatric : Ein Lehrbuch für Studierende und Arzte.* Verlag von Johann Ambrosius Barth.（遠藤みどりほか訳『強迫神経症』みすず書房，1989）

（52） Sullivan, H. S.（1956）*Clinical Studies in Psychiatry.* W. W. Norton & Company Inc..（中井久夫ほか訳『精神医学の臨床研究』みすず書房，1983）

（53） Drye, R.（1977）Borderline syndrome. In *International Encyclopedia of Psychiatry, Psychology, Psychoanalysis, and Neurology.* Aesculapius Publishers, Inc.

（54） Bleuler, E.（1911）*Dementia Praecox oder Gruppe der Schizophrenien.*（飯田真ほか訳『早発性痴呆または精神分裂病群』医学書院，1974）

（55） Clark, L. P.（1919）Some practical remarks upon the use of modified psychoanalysis in the treatment of borderland neuroses and psychoses. *Psychoanalytic Review,* 6 : 306–308.

（56） 西園昌久（1989）「境界例をめぐる最近の動向」『季刊精神療法』15 (4) : 2–19.

（57） 笠原嘉・原健雄（1981）「概念について」『境界例・非定型精神病』（現代精神医学体系 12）諏訪望ほか編，中山書店.

（58） 牛島定信（1988）「境界例の概念とその変遷」『現代精神医学体系』＜年刊版＞'88–B，中山書店.

（59） 成田善弘（1989）『青年期境界例』金剛出版.

（60） 林直樹（1990）『境界例の精神病理と精神療法』金剛出版.

（61） Klein, M.（1952）The origines of transference. *International Journal of Psycho-analysis,* 33.

（62） Kernberg, 0. F.（1975）*Borderline conditions and pathological narcissism.* Jason Aronson.

（63） McGinn, L. K.（1998）Otto F. Kernberg, M. D., F. A. P. A., Developer of

object relations psychoanalytic therapy for borderline personality disorder. *American Journal of Psychotherapy*, 52 (2) : 191–201.
(64) American Psychiatric Association (1994) *Quick reference to the diagnostic criteria from DSM-IV*. American Psychiatric Association.（高橋三郎・大野裕・染矢俊幸訳『DSM-IV精神疾患の分類と診断の手引』医学書院，1995）
(65) Herman, J. L., Perry. J. C. & van der Kolk, B. A. (1989) Childhood trauma in borderline personality disorder. *American Journal of Psychiatry*, 146 (4) , : 490–495.（渡邊良弘ほか訳「境界型人格障害における小児期の外傷」『imago』5 (8) . 1994）
(66) 町沢静夫 (1995)「境界性人格障害」『人格障害』福島章・町沢静夫・大野裕編著，金剛出版.
(67) Goldstein, W. N. (1995) The borderline patient : Update on the diagnosis, theory, and treatment from a psychodynamic perspective. *American Jounal of Psychotherapy*, 49 (3) : 317–337.
(68) Freud, S. (1895) *Aus den Anfangen der Psycoanalyse*. S. Fisher, Verlag.（小此木啓吾訳「科学的心理学草稿」『フロイト著作集 7　ヒステリー研究，他』人文書院，1974）
(69) Lacan, J. (1953) *Fonction et champ de la parole et du langaee en psychanalyse*. Ecrit, Seuil.（竹内迫也訳「精神分析における言葉と言語活動の機能と領野」『エクリ I』弘文堂，1972）
(70) Freud, S. (1916–1917) *Vorlesungen zur Einfuhrung in die Psychoanalyse*. S. Fisher, Verlag.（懸田克躬・高橋義孝訳『フロイト著作集 1　精神分析入門（正・続）』人文書院，1971）
(71) Freud,S. 1920 Jenseits der Lustpnnzips. S. Fisher, Verlag.（小此木啓吾訳「快感原則の彼岸」『フロイト著作集 6　自我論・不安本能論』人文書院，1970）
(72) 伊藤良子（1988）「死の欲動論の彼岸」『臨床的知の探究（下）』山中康裕ほか編，創元社.
(73) Levin, K. (1996) Uncnscious fantasy in psychotherapy. *American Journal of Psycotherapy*, 50 (2) : 137–153.
(74) Arlow, J. A. (1985) The concept of psychic reality and related problems. *Journal of American Psychoanalytic Association*, 33 : 521–535. (In C. Garland (Ed.) Underrstanding trauma : A psychoanalytical approach. Gerald Duckworth & Co. Ltd)
(75) Good. M. (1994) The reconstruction of early childhood trauma : Fantasy,

reality, and verification. *Journal of the American Psychoanalytic Association*, 42 (1) : 79–101.

(76) Temple, N. (1998) *Developmental injury* : It effect on the inner world.

(77) Bion, W. R. (1962) Learning from experience. *William Heinemann Medical Books.*

(78) Jaspers, K. (1913) *Allgemeine Psychopathologie*, Verlag von Julins Springer, Berlin.（西丸四方訳『精神病理学原論』みすず書房，1971）

(79) Freud, S. (1911) *Psychoanalytische Bemerkungen über einen autobiographisch deschreibenen Fall von paranoia* (*Dementia paranoids*). S. Fisher, Verlog.（小此木啓吾訳「自伝的に記述されたパラノイア（妄想性痴呆）の一症例に関する精神分析的考察」『フロイト著作集 9　技法・症例篇』人文書院，1983）

(80) Jung, C. G. (1907) *Über die Psychologie der Dementia Pracox.*（安田一郎訳『分裂病の心理』青土社，1979）

(81) Freud, S. (1924) *Der Realitatsverlust bel Neurose und Psychose.* S. Fisher, Verlog.（井村恒郎他訳「神経症および精神病における現実の喪失」『フロイト著作集 6　自我論・不安本能論』人文書院，1970）

(82) Spielrein, S. (1912) Der Destruktion als Ursache des Werdens. *Jb. Psychoanal. Psychopath. Forsch.*, 4 : 465–503.

(83) Schreber, D. P. (1903) *Denkwurdigkeiten eines Nervenkranken.* Oswald Mutze, Leipzig.（尾川猛他訳，石澤誠一解題「シュレーバー回想録――ある神経病患者の手記』平凡社，1991）

(84) Freud, S. (1925) *Die Verneinung.* S. Fisher, Verlag.（高橋義孝訳「否定」『フロイト著作集 3　文化・芸術論』人文書院，1969）

(85) Freud, S. (1916) *Einige Charaktertypen aus der Psychoanalytischen Arbeit.* S. Fisher, Verlag.（佐々木雄二訳「精神分析的研究からみた 2，3 の性格類型」『フロイト著作集 6　自我論・不安本能論』人文書院，1970）

(86) Lacan, J. (1932) *De la psychose paranoiaque dans ses rapports avec la personnalite.* Seuil.（宮本忠雄ほか訳『人格との関係からみたパラノイア性精神病』朝日出版社，1987）

(87) 伊藤良子（2001）『21 世紀の心理学に向かって』京都大学心理学教官連絡会編，ナカニシヤ書店.

(88) 伊藤良子（1983）「「場面緘黙児」と呼ばれた B 子の PlayTherapy――箱庭の下の箱庭」『京都大学教育学部心理教育相談室紀要　臨床心理事例研究』10 : 26–28.

(89) Meirer, C. A. (1959) Projection, transference, and the subject-object relation in psychology. *The J. of Analytical psychology.* 4 (2) : 21–34.
(90) Lacan, J. (1953) Some Reflection on the Ego. *Int. J. of Psychoanal.*, 34 : 11–17.

初出一覧

第 1 章　氏原寛・亀口憲治・成田善弘・東山紘久・山中康裕編『心理臨床大事典』培風館，1992（改訂版 2004）．

第 2 章　河合隼雄監修・三好曉光・氏原寛編『臨床心理学　第 2 巻　アセスメント』創元社，1991．

第 3 章　京都大学大学院教育学研究科心理教育相談室紀要　臨床心理事例研究　第 33 号，2006．

第 4 章　大東祥孝・松本雅彦・新宮一成・山中康裕編『青年期，美と苦悩』金剛出版，1990

第 5 章　新宮一成・北村俊則・島悟編『精神の病理学・多様と凝集』金芳堂，1995．

第 6 章　京都大学大学院教育学研究科　臨床教育実践研究センター紀要　第 1 号，1997．

第 7 章　『臨床心理学』第 6 巻第 4 号，金剛出版，2006．

第 8 章　山中康裕・河合俊雄編『心理臨床の実際　第 5 巻　境界例・重症例の心理臨床』金子書房，1998．

第 9 章　河合隼雄・空井健三・山中康裕編『臨床心理学大系　17　心的外傷の臨床』金子書房，2000．

第 10 章　河合隼雄編『講座心理療法　第 6 巻　心理療法と人間関係』岩波書店，2001．

第 11 章　京都大学大学院教育学研究科心理相談室紀要　臨床心理事例研究　第 30 号，2003．

伊藤　良子(いとう　よしこ)

学習院大学文学部教授，京都大学博士（教育学），専門は臨床心理学，臨床心理士.
1968 年神戸女学院大学卒業，神戸市民生局奉職後，京都大学大学院教育学研究科博士課程修了，神戸女学院大学教授，京都大学大学院教育学研究科教授を経て，2009 年より現職，京都大学名誉教授.

【主な著書】

『心理治療と転移――発話者としての＜私＞の生成の場――』（誠信書房，2001），『臨床心理面接技法 I』臨床心理学全書 8（編著）（誠信書房，2004），『遊戯療法と子どもの今』（共編著）（創元社，2005），『遺伝相談と心理臨床』（監修著）（金剛出版，2005），『臨床心理面接研究セミナー』「現代のエスプリ」別冊（編著）（至文堂，2006），『臨床心理学；全体的存在として人間を理解する』（編著）（ミネルヴァ書房，2008），『発達障害と心理臨床』（共編著）（創元社，2009），『身体の病と心理臨床』（共編著）（創元社，2009），『心理臨床関係における身体』（共編著）（創元社，2009）ほか.

学術選書

心の宇宙⑦
心理療法論
学術選書 053

2011年9月30日　初版第1刷発行

著　　者…………伊藤 良子
発 行 人…………檜山 爲次郎
発 行 所…………京都大学学術出版会
京都市左京区吉田近衛町 69
京都大学吉田南構内（〒 606-8315）
電話（075）761-6182
FAX（075）761-6190
振替 01000-8-64677
URL http://www.kyoto-up.or.jp

印刷・製本…………㈱太洋社
装　　幀…………鷺草デザイン事務所

ISBN 978-4-87698-853-2
定価はカバーに表示してあります

学術選書［自然科学書］

＊サブシリーズ　「心の宇宙」→［心］　「宇宙と物質の神秘に迫る」→［宇］